Bernt Engelmann, 1921 in Berlin geboren, erlebte den Zweiten Weltkrieg zunächst als Soldat bei der Luftwaffe, dann als Angehöriger einer Widerstandsgruppe, wurde zweimal von der Gestapo verhaftet und erst bei Kriegsende, nach langer »Schutz«haft in Gefängnissen und Konzentrationslagern, aus dem KZ Dachau befreit.

Engelmann arbeitete schon während seines Studiums als Journalist für Gewerkschaftszeitungen, dann als Reporter, Korrespondent und Redakteur beim SPIEGEL, später für das NDR-Fernsehmagazin »panorama«. Seit 1962 ist er freier Schriftsteller. Viele seiner Bücher, die im Steidl Verlag erscheinen, wurden in alle wichtigen Sprachen übersetzt und sind in den USA, in Rußland, Frankreich, Großbritannien, Schweden, Polen, Finnland, Italien, Ungarn, Griechenland, China sowie in Japan erschienen. Die Weltgesamtauflage seiner Bücher hat die 15-Millionen-Grenze überschritten. Einige seiner wichtigsten Werke sind: »Großes Bundesverdienstkreuz«, »Wir Untertanen«, »Die Aufsteiger«, »Du deutsch?«, »Wie wir die Nazizeit erlebten«, »Berlin«, »Deutschland ohne Juden«, »Vorwärts und nicht vergessen«, »Preußen«, »Die unsichtbare Tradition«, »Putti Eichelbaum« sowie, mit Günter Wallraff, »Ihr da oben, wir da unten«.

Bernt Engelmann, engagierter Gewerkschafter, war von 1977 bis 1984 Vorsitzender des Verbands deutscher Schriftsteller (VS) in der IG Druck und Papier, von 1972 bis 1984 Präsidiumsmitglied des PEN-Zentrums BRD, ist langjähriges Mitglied der IG Metall und gehörte der Tarif- und Verhandlungskommission des VS an. 1984 wurde er mit dem Heinrich-Heine-Preis ausgezeichnet.

Bernt Engelmann

Schwarzbuch

Unter Mitarbeit von Eckart Spoo

Steidl

Bitte bestellen Sie unser kostenloses Gesamtverzeichnis.

1. Auflage Januar 1994

Umschlag: Gollnek/Röhrig/STERN
Satz, Lithographie, Druck: Steidl Göttingen
Printed in Germany
ISBN 3-88243-278-0

Inhalt

Um was es geht 7

Was ist »Großes Geld«? 13

Die Weichenstellung für den Aufstieg Helmut Kohls 23

Kurzer Ausflug in die deutsche Geschichte 47

Mittelfristige Planung eines Kanzlerwechsels 56

Flick – Musterbeispiel für den Mißbrauch wirtschaftlicher Macht 65

Die seltsamen Vorspiele der »geistig-moralischen Wende« 81

Warum das Großkapital Helmut Kohl finanziert und was es dafür gleich von ihm bekommen hat 93

Wie mit Kohls Hilfe die Reiche immer reicher und die Armen immer ärmer werden 105

»Der Kanzler der nationalen Einheit« – Der Kanzler der sozialen Spaltung 112

Was wir von Kohl noch alles zu erwarten haben – und wie wir es verhindern können 130

Um was es geht

Die »Frankfurter Allgemeine - Zeitung für Deutschland« begann Ende 1993, ihre Leser - die Großkunden der in Frankfurt residierenden Großbanken, die an der Frankfurter Börse spekulierenden Großaktionäre, also die wirtschaftlich Mächtigen im Lande sowie Leitende Angestellte, Staatsbeamte und Politiker, die sich dem Großen Geld verbunden fühlen - auf mögliche Veränderungen in Bonn vorzubereiten. Die FAZ vom 1. Dezember 1993 zitierte »erfahrene Unionspolitiker«, die das »Undenkbare denken«. Das gedachte und gemeldete »Undenkbare« lautete: Es gebe »keine Chance mehr, die Bundestagswahl zu gewinnen«.

Unmittelbar vorausgegangen war die Panne des Bundeskanzlers und CDU-Vorsitzenden Helmut Kohl mit der Nominierung des sächsischen Parteifreunds Steffen Heitmann für das Amt des Bundespräsidenten. Vorausgegangen waren auch solche Skandale wie in Sachsen-Anhalt, wo die gesamte CDU/FDP-Landesregierung hatte zurücktreten müssen, nachdem allzu dreiste Selbstbedienungspraktiken einiger aus Westdeutschland nach Magdeburg entsandten Regierungsmitglieder ruchbar geworden waren. »Der Kanzler ist angeschlagen«, ließ die FAZ ihre Leser - Leserinnen hat sie kaum - wissen.

Die Ära Kohl, so scheint es, geht nach zwölf Jahren zu Ende. Wozu dann noch dieses Schwarzbuch, das über den Eisernen Kanzler des Großen Geldes informieren soll?

Katrin Krause in Halle an der Saale und ihr Vetter Norbert Krause in Limburg an der Lahn, die unter ungleichen Umständen aufgewachsen sind und aufgrund ihrer unterschiedlichen Erfahrungen nach wie vor unterschiedliche Meinungen haben, waren sich 1990 nach Herstellung der deutschen Staatseinheit in einem Punkte einig: Bei der ersten gemeinsamen Bundestagswahl kreuzten beide die CDU an. Katrin Krause, weil sie

Kohl für denjenigen hielt, der die Einheit entschlossen herbeigeführt habe, und weil sie seinen Versprechungen traute, Ostdeutschland werde binnen kurzer Zeit wirtschaftlich und sozial aufblühen, vielen werde es besser, niemandem schlechter gehen als zuvor. Norbert Krause, weil ihm Kohl gerade in der damaligen Situation als tüchtiger, erfolgreicher Staatsmann erschien, zu dem es keine überzeugende Alternative gebe.

Doch jetzt, 1994, geht es Katrin Krause nicht besser, sondern schlechter. Sie hat ihren Arbeitsplatz als Erzieherin in einem Betriebskindergarten verloren, weil erst der Kindergarten und dann der ganze Betrieb geschlossen wurden. Die alleinerziehende Mutter und ihr Kind sind auf Sozialhilfe angewiesen, sie leben in Armut.

Norbert Krause, kaufmännischer Angestellter, hat zwar weiterhin seine Beschäftigung und sein Einkommen, aber er fühlt sich nicht mehr so sicher. Ihm wird mulmig zumute, wenn er an die Firma, die Personalabbau plant, weil der Absatz stockt, und wenn er an Bonn denkt. Schwere Verluste der CDU bei Kommunal- und Landtagswahlen, immer schlechtere Umfrageergebnisse für Kohl, auch die sich mehrenden Anzeichen dafür, daß der Rückhalt des Kanzlers in der eigenen Partei bröckelt (vor allem bei Berufspolitikern, die auf die eigene Existenzsicherung bedacht sind), bestärken beide Krauses in der Meinung, daß dieser Kanzler abgewirtschaftet habe und daß die von ihm geführte Partei kein Zutrauen mehr verdiene.

Nehmen wir an, es gäbe eine beträchtliche Anzahl Bürgerinnen und Bürger der Bundesrepublik Deutschland, die ebenso dächten. Dann läge der Schluß nahe, daß am bevorstehenden politischen Wechsel in Bonn kaum mehr zu zweifeln ist.

Aber das wäre ein Fehlschluß. Denn Katrin und Norbert Krause – so unterschiedlich sie sich sonst oft verhalten – neigen diesmal beide dazu, gar nicht zur Wahl zu gehen. Sie erwägt zwar, die andere große Partei zu wählen, wozu sie sich aber nicht entscheiden mag, weil sich, wie sie findet, die SPD nicht deutlich genug von der CDU abhebe; manche politischen Weichenstellungen Kohls, so beim sogenannten »Solidarpakt« oder bei der Einschränkung von Grundrechten, seien nur mit sozialdemokratischer Zustimmung möglich gewesen. Aus tiefer Enttäuschung will Katrin Krause nun keiner Partei mehr die Stimme geben. Ähnlich denkt ihr Vetter, der allerdings im Gegensatz zu ihr mit dem Gedanken spielt, die »Republikaner« zu wählen, nachdem auch sein Chef gesagt hat, die Bonner Politiker brauchten einen solchen »Denkzettel«.

Wie die beiden Krauses sind viele Wahlberechtigte verunsichert, nicht nur bisherige CDU/CSU-Wählerinnen und -Wähler. Ob sie am Wahltag tatsächlich zu Hause bleiben oder ob sie doch ins Wahllokal gehen, ist noch nicht entschieden, erst recht nicht, an welche Stelle des Stimmzettels sie dann ihre Kreuze setzen werden. Es hängt von den Informationen ab, die bis dahin verbreitet werden, von den Diskussionen, die in der Öffentlichkeit und im Bekanntenkreis geführt werden, von den Kampagnen, mit denen Parteien oder hinter ihnen stehende finanzstarke, publizitätskräftige Gruppen versuchen werden, auf die Wahlberechtigten einzuwirken, und vom notwendigen Widerspruch gegen die - wie immer vor entscheidenden Wahlen - zu erwartende systematische Irreführung der Öffentlichkeit.

In der Bundesrepublik Deutschland ist uns zwar bisher die Erfahrung aus US-amerikanischen Präsidentschaftswahlkämpfen erspart geblieben, wo kurzfristig gestartete außenpolitische Abenteuer von patriotischen Kampagnen begleitet wurden, die das innen- und sozialpolitische Versagen der Regierenden aus dem öffentlichen Bewußtsein verdrängen sollten. Aber Helmut Kohls politischer Vorfahr Konrad Adenauer, der sich gern als »Fuchs« bezeichnen ließ, hatte zum Beispiel keine Skrupel, mit staatlicher Autorität kurz vor dem Wahltag Behauptungen über die politische Konkurrenz in die Welt zu sezten, die sich gleich nach dem Wahltag als falsch erweisen mochten - Hauptsache: die Wahl wurde wieder gewonnen. Otto von Bismarck, der Eiserne Kanzler des Wilhelminismus, zog politisches Kapital aus Terrorakten, indem er die demokratische Opposition verdächtigte, politische Gegner als Kriminelle bekämpfte und sich selbst als unentbehrlichen Garanten von Sicherheit und Ordnung empfahl.

Es ist zu hoffen, daß 1994 niemand auf solche Methoden zurückgreift. Doch es ist vorauszusehen, daß der Wahlkampf mit seinen künstlichen Aufgeregtheiten und angestachelten Emotionen die Urteilsbildung eher erschweren als erleichtern wird.

Dieses Schwarzbuch wendet sich vor allem an die Erstwählerinnen und Erstwähler. Ihnen soll es die Hintergrundinformationen liefern, die sie brauchen, damit sie nicht den Zwecklügen der auf sie einprasselnden Wahlpropaganda aufsitzen, sondern eine für sie selbst richtige, ihren eigenen Interessen entsprechende Wahlentscheidung treffen können.

An Propaganda, Versprechen und raffinierten Tricks der seit zwölf Jahren in Bonn regierenden Konservativen wird es bestimmt nicht fehlen. Deren Hintermänner in der Wirtschaft wissen, wieviel für sie auf dem Spiel steht. Sie werden alles daran setzen, den für sie nützlichen Eisernen Kanzler des Großen Geldes an der Macht zu halten.

Mit Zigmillionen aus ihren schwarzen Kassen werden sie versuchen, die zahlreichen Affären und Skandale, die Kohls 1982 verkündeter »geistig-moralischer Wende« gefolgt sind, in Vergessenheit geraten zu lassen, erst recht die von Kohl & Co. konsequent betriebene Umverteilung von unten nach oben, die Massenarbeitslosigkeit, den erbarmungslosen Sozialabbau, die schweren Eingriffe in die Rechte der Arbeitnehmer, die achtlose Vernichtung kleinbäuerlicher und mittelständischer Existenzen, die Verschwendung von Steuergeldern für Rüstungsprogramme, den weltweiten Waffenexport, die gegen jede Vernunft fortgesetzte Umweltzerstörung, den kulturellen Kahlschlag.

Mit einer Flut von Propaganda werden sie den Wählerinnen und Wählern weismachen, nur Kohl und seine Union garantierten Frieden, Aufschwung, Sicherheit, Glück und Wohlstand für alle. Sie spekulieren dabei auf die Unwissenheit, Vergeßlichkeit und Gutgläubigkeit der Wählermassen, die zu mehr als 95 Prozent – als Lohn- und Gehaltsempfänger, Hausfrauen, Rentner, Kleinbauern, Gewerbetreibende, Handwerker, Schüler, Studenten, Auszubildende, erst recht als Arbeitslose und Sozialhilfeempfänger – die Opfer dieser Politik sind.

Für die wenigen großen Nutznießer, für die Konzerngewaltigen und Großbankiers, zum Beispiel für die Familien Flick,

Siemens, Henkel und Oetker, brauchen die Konservativen keine Wahlpropaganda zu machen. Die Superreichen wissen, wo sie und ihre Milliarden am besten aufgehoben sind und wer ihnen zu noch größeren Profiten verhelfen soll.

Damit die Leserinnen und Leser erkennen können, welchen Freunden und Förderern die Konservativen mit Helmut Kohl an der Spitze es zu verdanken haben, daß sie an die Schalthebel bundesdeutscher Politik kamen und dort noch immer sitzen, müssen auch einige Vorgänge geschildert werden, die zwei Jahrzehnte und teilweise noch länger zurückliegen. Vieles, was uns heute auf den Nägeln brennt, erklärt sich aus damaligen Weichenstellungen. So muß auch einiges, was schon in früheren Schwarzbüchern stand, in komprimierter Form Erwähnung finden.

Die Jungwähler von heute lebten noch nicht, als 1972 das erste Schwarzbuch erschien. Damals versuchte ein von den Mächtigen der Industrie- und Bankwelt mit annähernd 120 Millionen DM unterstütztes Rechtskartell, die von Bundeskanzler Willy Brandt eingeleitete Friedenspolitik zu beenden und den Scharfmacher Franz Josef Strauß an die Macht zu bringen - einen Mann, dem sogar das Münchner Landgericht bescheinigte, daß ihm »der Ruch der Korruption« anhaftete. Das »Schwarzbuch Franz Josef Strauß« hatte einen nicht unerheblichen Anteil daran, den Einzug des bayerischen Rechtsaußen in die Bonner Kommandozentrale zu verhindern: 17,6 Prozent der damaligen Erstwählerinnen und Erstwähler, die befragt wurden, was ihre Wahlentscheidung maßgeblich beeinflußt habe, nannten »die vom Schwarzbuch vermittelten Hintergrundinformationen« an erster Stelle.

Die Ablösung des Kanzlers Kohl, die 1994 ansteht, bedarf größerer Anstrengungen, als manche Umfrageergebnisse und Zeitungskommentare vermuten lasen. Es gilt zwar als wahrscheinlich, daß die jetzige Koalition von CDU/CSU und FDP - die schon Ende der achtziger Jahre auf der Kippe stand, bevor ihr der Untergang der DDR noch einmal einen Wahlerfolg bescherte - diesmal ihre Mehrheit im Bundestag verliert. Aber auch mit diesem Resultat wäre noch nicht ausgemacht, welche Koalition an ihre Stelle träte und welche politischen Interessen sich dann durchsetzen würden. Kohl müßte nicht zwangsläufig das Kanzleramt verlassen. Zögen zum Beispiel die »Republikaner« des ehemaligen SS-Mannes Franz Schönhuber (»Ich war dabei«) in den Bundestag ein, würden sie voraussichtlich Kohl zur Wiederwahl verhelfen, ohne daß er ihnen deswegen gleich Ministerposten anbieten müßte. In vielen Städten und Gemeinden stützt sich die CDU auf solchen Beistand von Rechtsaußen.

Auch wenn Kohls innerparteiliche Macht zerbräche und ein anderer CDU-Politiker ihn beerbte, könnte seine Politik dennoch fortgesetzt werden - etwa von seinem »Kronprinzen« Wolfgang Schäuble, dem jetzigen Vorsitzenden der CDU/CSU-Fraktion im Bundestag*, der sich am Vorabend des »Superwahljahres« 1994 mit dem Vorschlag profilierte, das Grundgesetz so zu ändern, daß die Bundeswehr auch im Innern eingesetzt werden könnte - sprich: Militäreinsatz als Mittel zur Bewältigung innen-, genauer: sozialpolitischer Krisen. Die Bundeswehr als Bürgerkriegsarmee.

Es genügt also nicht, wenn wir uns mit Kohl als Person auseinandersetzen. Es geht um die Politik, die er vertritt. Es geht um die Interessen, denen seine Regierung dient - wovon Katrin Krause und auch ihr Vetter, obwohl er kaufmännischer Angestellter ist, nur sehr vage Vorstellungen haben. Denn ob die Regierung des Dr. Helmut Kohl durch ihre Politik die Massenarbeitslosigkeit vergrößert, ob sie Sozialleistungen abbaut, gewerkschaftliche Rechte einschränkt, mit Hochdruck Milliardenprojekte der Atom- und der Rüstungsindustrie fördert oder den Umweltschutz so unzureichend betreibt, daß die Umweltvergiftung galoppiert (weil sonst die Profite der Industrie geschmälert würden) - stets handelt sie ganz nach den Wünschen des Großen Geldes, mit dessen Hilfe sie an die Macht gekommen ist.

---

* Die FAZ vom 1. Dezember 1993 warnte jeden in der CDU, der mit dem Gedanken spielt, Kohl zu verdrängen, vor dem »vorzüglich ausgebauten Informationssystem« des jetzigen Kanzlers. »Wo immer CDU-Gremien tagen, ist Kohl vertreten - und unterrichtet, insbesondere über alles, was nach Kungelei, Personalpolitik oder gar Verschwörung aussehen könnte.«

Was ist »Großes Geld«?

Die Deutschen gelten als reich, reicher als ihre Nachbarn, von denen allenfalls die Schweizer sich mit ihnen messen können, und erst recht im internationalen Vergleich. Wie enorm der Wohlstand in den alten und neuen Ländern ist (oder zu sein scheint), zeigt die amtliche Statistik:

Das Geldvermögen der privaten Haushalte (ohne deren Haus- und Grundbesitz, Wertsachen und sonstige Vermögenswerte) erbrachte ihnen 1992 etwas mehr als 200 Milliarden DM an Zinsen und Dividenden. Das sind, grob gerechnet, 2500 DM jährliche Einnahmen aus angelegtem Geldvermögen für jede und jeden im vereinten Deutschland, ob Säugling oder Greis. Ein durchschnittlicher Vierpersonenhaushalt - Ehepaar mit zwei Kindern - hat also laut Statistik zusätzliche Jahreseinkünfte von 10000 DM (und im Hintergrund eine angelegte Geldreserve von 180000 bis 200000 DM, die diese Zinsen erbringt!) - ein schönes Zubrot, beispielsweise für einen jungen Familienvater, der als Beamter mit 1850 DM netto im Monat die Wohnungsmiete in einer Großstadt aufbringen und alle Ausgaben der vierköpfigen Familie bestreiten muß!

Nun wissen wir allerdings, daß solch ein dem statistischen Durchschnitt genau entsprechender Fall in der Praxis nur ganz selten vorkommt. Die allermeisten Arbeitnehmerfamilien haben nämlich keine sechsstelligen Geldreserven, und wenn bei ihnen von Zinsen die Rede ist, so handelt es sich in der Regel um solche, die sie für aufgenommene Kleinkredite und Darlehen seufzend zu zahlen haben.

Die Statistik lügt dennoch nicht, sie wirft nur Arm und Reich in einen Topf: Schon ein einziger Bewohner eines Mietshauses, vielleicht dessen Eigentümer, der über zwei Millionen DM Geldvermögen verfügt, schafft im Verein mit den übrigen Hausbewohnern, einem Dutzend Familien von Habenichtsen, jenen trügerischen statistischen Durchschnitt, der uns einen allgemeinen Wohlstand vorgaukelt.

Wenn wir uns darüber im Klaren sind, kann uns auch ein weiteres statistisches Ergebnis nicht mehr täuschen, nämlich daß sich die Erträge der privaten Geldvermögen der Deutschen im Laufe des letzten Jahrzehnts nahezu verdreifacht haben. Diese für uns scheinbar so erfreuliche Tatsache sagt über die Verteilung des so stark vermehrten Wohlstands gar nichts aus. Sie kann beispielsweise bedeuten, daß nur die ohnehin sehr Wohlhabenden noch um vieles reicher geworden sind, die große Mehrheit der Unbemittelten aber unverändert arm geblieben und noch um einige soziale Absteiger vermehrt worden ist. Genau dieser Fall ist, wie wir noch sehen werden, tatsächlich eingetreten: Profitiert von dieser Entwicklung haben im wesentlichen nur die Herren des Großen Geldes!

Was ist das eigentlich: das »Große Geld«?

Die allermeisten Deutschen, gleich ob in Ost oder West, haben davon keine oder nur eine ganz blasse Ahnung. Jedes Multimillionenvermögen gilt ihnen schon als »Großes Geld«. Und wenn sie selbst einmal im Lotto gewinnen sollten – sagen wir: knapp sechs Millionen DM steuerfrei –, dann ist das nach Meinung der Freunde und Nachbarn und wohl auch nach ihrer eigenen Einschätzung bereits das Große Geld.

Stellen wir uns nun einmal vor, der oder die Glückliche läßt sich den ganzen Lottogewinn bar auszahlen: dicke Packen von druckfrischen Tausendern, dazu noch etliche Bündel von 500-, 200- und 100-DM-Scheinen, säuberlich aufgestapelt, wobei ein Meter Höhe jeweils genau einer Million DM entspricht, der Lottogewinn von knapp sechs Millionen Mark als Banknotenstapel also vom Fußboden bis fast zur Decke der sechs Meter hohen Schalterhalle reicht!

Doch so eindrucksvoll der Anblick dieses hohen Stapels auch sein mag, als das »Große Geld« kann der Banknoten-Turm noch längst nicht gelten! Unsere wirklichen Superreichen könnten solche Vorstellung nur mitleidig belächeln; die Dimension dieses scheinbaren Reichtums wäre ihnen gar zu winzig.

Als das amerikanische – längst auch hierzulande in deutscher Sprache erscheinende – Wirtschaftsmagazin »Forbes« im

Sommer 1990 die 400 reichsten deutschen Unternehmer vorstellte, da gab sich das Blatt mit gewöhnlichen Multimillionären gar nicht erst ab. »Forbes« begann seine Aufzählung erst im »Multimega«-Bereich, also bei den mehr als hundertfachen DM-Millionären.

Die Summe der Vermögen aller 400 Personen oder Familien, die »Forbes« vorstellte, belief sich damals, im Sommer 1990, auf rund 200 *Milliarden* DM - das Doppelte dessen, was die Regierung Kohl an Staatsanleihe aufzunehmen gedachte und für ausreichend hielt, die ruinierte Wirtschaft der gerade vereinnahmten DDR zu sanieren und wieder in Schwung zu bringen...! Anders ausgedrückt: Schon die Hälfte des Vermögens der 400 reichsten Westdeutschen hätte nach offizieller Meinung gereicht, für über 16 Millionen »Brüder und Schwestern drüben« gesunde wirtschaftliche Verhältnisse zu schaffen.

400 Privatvermögen von zusammen 200 Milliarden DM ergeben einen *durchschnittlichen* Reichtum der von »Forbes« 1990 vorgestellten westdeutschen »Spitzenklasse« von je 500 Millionen DM. Stapelte man diese Summe nach Art des Lottogewinns in Banknoten, wäre ein solcher Bargeldturm 500 Meter hoch - mehr als dreimal so hoch wie der Kölner Dom!

Indessen gab es schon vor vier Jahren, als das Wirtschaftsmagazin die Superreichen der BRD vorzustellen begann, nicht wenige deutsche Multimilliardäre, die ihr Geld höher hätten stapeln können als die Zugspitze (2 963 Meter), höher noch als das Gipfelkreuz des Mont Blanc (4 810 Meter), ja die mit ihrem gebündelten Baren sogar den Mount Everest (8 848 Meter) überragt hätten! Von solchen gewaltigen Höhen aus betrachtet, sind die Banknotenstapel der Lottogewinner, aber auch die der zehn-, zwölf- oder auch 25fachen Multimillionäre eine mit bloßem Auge gar nicht mehr wahrnehmbare Bagatelle, und damit sollte nun auch klar sein, was »Großes Geld« wirklich bedeutet.

Übrigens, seit 1990 sind die Kassen von Bund, Ländern und Gemeinden immer leerer geworden, eine Schuldenlast von astronomischer Höhe zwingt die öffentlichen Hände zu rigorosen Sparmaßnahmen, und der Konjunktureinbruch, der zu verzeichnen war (und noch ist), hat für Millionen Deutsche erhebliche Einkommenseinbußen mit sich gebracht (wovon im einzelnen noch ausführlich die Rede sein wird). Der Superreichtum indessen hat keineswegs gelitten, im Gegenteil!

Das Große Geld in den Händen einiger deutscher Multimilliardäre hat sich seit 1990 weiter kräftig vermehrt. Hier nur ein Beispiel: Deutschlands Reichster, der der breiten Öffentlichkeit nahezu unbekannte Erivan Haub aus Mülheim/Ruhr (Tengelmann, Kaiser's, Plus, KD und nicht zuletzt A&P, was hierzulande nur ›Attraktiv & Preiswert‹ zu bedeuten scheint, jedoch zugleich die konzerneigene größte Einzelhandelskette der USA, ›Atlantic & Pacific‹, kennzeichnet), wurde im Sommer 1990 auf deutlich über sechs Milliarden DM Vermögen taxiert, drei Jahre später, im Sommer 1993, aber bereits auf mehr als zehn Milliarden DM! Und so wie bei Haub ist es auch bei den zwei Dutzend anderen Deutschen, die 1993 in die »Forbes«-Liste der »Hundert Reichsten der Welt« aufgenommen wurden: Ihre gigantischen Vermögen sind in den Rezessionsjahren nicht kleiner, sondern noch beträchtlich größer geworden. (Eine Liste dieser deutschen Multimilliardäre findet sich auf den folgenden Seiten.)

Wollten wir die Vermögen der in den internationalen Spitzenreichtum aufgestiegenen Deutschen durch gewaltige Bargeldstapel (1 Meter = 1 Million DM) anschaulich machen, so hätten wir ein Hochgebirgspanorama, vergleichbar mit dem Himalaya, wobei der niedrigste Gipfel 3 400 Meter hoch, die drei höchsten gar Zehntausender wären, höher als der höchste Berg unserer Erde!

Nachdem wir mit Hilfe dieser – in Wirklichkeit ja niemals vorkommenden – gigantischen Banknotentürme eine ungefähre Vorstellung vom Großen Geld bekommen haben, kehren wir zurück auf den Boden der Tatsachen, beispielsweise der Bonner Politik. Da stellt sich dann heraus, daß die erdachten Bargeldstapel als Ausdruck der Macht des Großen Geldes gar nicht so unrealistisch sind, wie man meinen könnte.

Mitunter nehmen nämlich auch bundesdeutsche Superreiche statt ihres Scheckbuchs Bargeldstapel, vorzugsweise solche von druckfrischen Tausendern, stecken davon einige Bündel in neutrale Umschläge und überreichen diese dann dem einen oder anderen ihrer Bekannten als Geschenk!

DIE REICHSTEN DEUTSCHEN

Erivan Haub	Einzelhandel	10,5 Mrd. DM
Familie v. Haniel	Handel	10,5 Mrd. DM
Brüder Theo und Karl Albrecht	Einzelhandel	10,4 Mrd. DM
Familie Henkel	Chemie	8,3 Mrd. DM
Familie Mohn	Medien	7,5 Mrd. DM
Familie Quandt	Beteiligungen	7,3 Mrd. DM
Familie Brenninkmeyer	Textileinzelhandel	6,8 Mrd. DM
Grete Schickedanz	Versandhandel	6,0 Mrd. DM
Werner und Michael Otto	Versandhandel	5,6 Mrd. DM
Familie Flick	Beteiligungen	5,6 Mrd. DM
August und Wilhelm v. Finck	Beteiligungen und Immobilien	5,6 Mrd. DM
Familie Oetker	Nahrungsmittel	5,3 Mrd. DM
Otto Beisheim	Großhandel, Beteiligungen	5,3 Mrd. DM
Brüder Schmidt-Ruthenbeck	Großhandel	5,1 Mrd. DM

DIE REICHSTEN DEUTSCHEN

Rolf Gerling	Versicherungen	4,8 Mrd. DM
Familie v. Oppenheim	Privatbankiers	4,7 Mrd. DM
Familie Boehringer	Chemie/Pharma	4,7 Mrd. DM
Josef Schörghuber	Immobilien, Brauerei, Hotelkette	4,4 Mrd. DM
Familie Grundig	Elektro/Elektronik	4,3 Mrd. DM
Familie Kipp	Immobilien, Handel	4,1 Mrd. DM
Familie Merck	Chemie/Pharma	3,7 Mrd. DM
Familie v. Siemens	Elektro/Elektronik	3,7 Mrd. DM
Familie Porsche	Automobilbau und -handel	3,6 Mrd. DM
Adolf Merckle	Pharma	3,6 Mrd. DM
Familie Herz	Kaffee, Zigaretten	3,4 Mrd. DM

(nach einer Aufstellung des US-Wirtschaftsmagazins »Forbes« vom Juli 1993, Dollar-Angaben umgerechnet in DM zum Tageskurs von 1,70 DM je US-Dollar)

Natürlich geschieht dies nicht in aller Öffentlichkeit, womöglich vor laufenden Fernsehkameras, vielmehr sehr diskret, und stets handelt es sich bei den von Superreichen mit solchen Geldgeschenken großzügig Bedachten um einflußreiche Politiker, die zwar sehr üppige reguläre Einkünfte haben, aber trotzdem immer Geld brauchen, weil sie kostspielige Wahlkämpfe zu führen haben und fürchten müssen, nicht wiedergewählt zu werden, wenn ihnen das Geld ausgeht.

Von diesen unterstützungsbedürftigen Politikern erwarten die superreichen Spender der gebündelten Tausendmarkscheine dann ihrerseits allerlei Gefälligkeiten, und diese werden ihnen in aller Regel auch schon bald nach der Geldübergabe von den dankbaren Politikern erwiesen.

Indessen sind solche - für die Spender belanglos winzigen, für die Empfänger sehr stattlichen und hochwillkommenen - Geldgeschenke, meist in Raten von 50 000 bis 250 000 DM, und die im Gegenzug erwiesenen Gefälligkeiten beileibe nicht als kriminelle Vergehen, etwa als aktive und passive Bestechung im Sinne der Paragraphen 331 ff. des Strafgesetzbuches, gedacht oder zu verstehen. Dergleichen kommt nur in weniger reichen und weniger mächtigen Kreisen mitunter vor und wird, wenn es ruchbar wird, sehr streng bestraft.

Ganz anders liegt der Fall bei üppigen Geldgeschenken von Superreichen an Mitglieder des Bundeskabinetts und Vorsitzende von Koalitionsparteien:

Erstens würden bundesdeutsche Multimillionäre niemals gegen Gesetze und Vorschriften verstoßen wollen. Sie wünschen sich vielmehr eine Anpassung der Gesetze und Ausführungsbestimmungen an ihre auf große Gewinne gerichteten Pläne. Der eine will beispielsweise ein Gesetz, das inländische Verkaufserlöse, die er in den USA profitabel anlegen will, von etlichen hundert Millionen Mark Steuern befreit. Der andere verlangt eine Lockerung von Umweltschutzbestimmungen, wodurch ihm enorme Ausgaben für die Umrüstung von Chemie-Werken und Papierfabriken erspart werden. Ein Dritter wünscht die Streichung einiger zwar gesundheitsschädlicher, aber sehr gut verkäuflicher Chemikalien von einer Verbotsliste, und alle gemeinsam fordern die Änderung eines Paragraphen, der bislang die Beschäftigten eines indirekt durch Streik gelähmten Werks begünstigt hat – also lauter für Superreiche ganz natürliche Verlangen, die ihren Interessen dienen und ihren Profit steigern, so daß es nur gilt, die Gesetze und Vorschriften den Bedürfnissen des Großen Geldes entsprechend abzuändern, damit alles ganz legal vor sich gehen kann.

Zweitens aber sind die Zuwendungen, die die Superreichen den an der Gesetzgebung maßgeblich beteiligten Politikern machen (oder machen lassen), so geringfügig im Vergleich zu den enormen Vorteilen, die sie sich damit verschaffen, daß kein bundesdeutscher Staatsanwalt sie als strafrechtlich relevant ansehen könnte.

Wenn beispielsweise ein Multimilliardär wie Herr Flick zur Erlangung von etlichen hundert Millionen Mark Steuerersparnis nur lumpige zwei, drei Millionen an diverse Spitzenpolitiker verteilt hat – weniger als ein Prozent des Gewinns! –, so vermochte keiner der Beteiligten darin etwas Unrechtes zu erkennen. »Jede Sparkasse verschenkt doch Pfennigartikel wie Kugelschreiber oder Wandkalender, selbst an Kunden, die nur ein paar Mark an jährlichen Kontogebühren einbringen!« meinte einer der Flick-Bediensteten treuherzig.

Doch mit der Erwähnung einer der vielen Flick-Millionenspenden sind wir schon mitten in der Praxis des Bonner Alltags und können die theoretischen Erwägungen abschließen. Denn nun sollte jeder und jedem klar sein, was Großes Geld ist und welche Macht damit ausgeübt wird.

Gewiß, laut Verfassung wird der die Richtlinien der Politik bestimmende Kanzler von der Bundestagsmehrheit gewählt, und über deren Zusammensetzung entscheiden die Wählerinnen und Wähler in allgemeiner, gleicher, direkter und geheimer Wahl. So bestimmt es das Grundgesetz, in dessen Artikel 20, Absatz 2, es folgerichtig heißt: »Alle Staatsgewalt geht vom Volke aus.«

Doch das war nicht immer so (wie das Kapitel »Kurzer Ausflug in die deutsche Geschichte« es noch näher beschreiben wird). Hier soll es genügen, daran zu erinnern, daß noch bis vor wenig mehr als 75 Jahren im größten Teil Deutschlands das sogenannte Dreiklassenwahlrecht galt, bei dem es die Superreichen weitaus bequemer hatten: Es gab einigen wenigen Multimillionären ebenso viele Stimmen wie Zigtausenden von Normalverdienern, und es entrechtete die Armen völlig, ebenso alle Frauen und Jugendlichen. Kurz, die Superreichen brauchten keine Abgeordneten zu bestechen, sondern bestimmten selbst die Mehrheitsverhältnisse.

Dieser für das Große Geld so angenehme Zustand endete 1918, als das vom »Eisernen Kanzler« Bismarck geschaffene Kaiserreich ruhmlos unterging.

Indessen ging nur der Kaiser; die Superreichen blieben, unter ihnen auch die Familie der Fürsten Bismarck und die Hohenzollernprinzen, als neu hinzugekommener Kriegsgewinnler des Ersten Weltkriegs auch Friedrich Flick. Sie alle (oder ihre Erben) brachten ihre riesigen Vermögen sicher durch die Nachkriegswirren und die totale Geldentwertung, die den deutschen Mittelstand verarmen ließ, und fanden neue Wege der Machtausübung zwecks weiterer Vermehrung ihres Reichtums.

Sie überstanden die vierzehn Jahre der Weimarer Republik, wurden in den folgenden zwölf Jahren der Nazi-Diktatur und des Zweiten Weltkriegs noch um vieles reicher - vor allem durch Rüstungsaufträge, Ausbeutung von Millionen Sklavenarbeitern, Plünderung der eroberten Gebiete und »Arisierung« jüdischen Vermögens - und hatten auch nach der vollständigen Niederlage der großdeutschen Wehrmacht und dem Untergang der Hitler-Diktatur in den westlichen Besatzungszonen, der späteren Bundesrepublik, keinen Grund zur Klage: Das Große Geld blieb unangetastet, kam sicher durch die Krisenjahre der ersten Nachkriegszeit, wurde von der Währungsreform verschont und vermehrte sich dann geradezu explosionsartig, als das »Wirtschaftswunder« einsetzte.

Zwanzig Jahre lang wurde die Bundesrepublik im Zeichen des Kalten Krieges und der massiven Aufrüstung von konservativen Kanzlern regiert und zu einem Paradies der Superreichen, die sich für Großverdiener maßgeschneiderte Gesetze und Steuergeschenke noch und noch machen ließen und ihrerseits den sie so gut bedienenden Politikern die Wahlkämpfe finanzierten.

Ende der sechziger Jahre kam endlich ein Umschwung: Die Studenten rebellierten gegen das konservative Establishment, gegen die von der Springer-Presse betriebene Volksverdummung, gegen die zutiefst unmoralische, undemokratische und unsoziale Herrschaft des Großen Geldes. Mit Willy Brandt kam erstmals ein Kanzler ans Ruder, der das Eis des Kalten Krieges zu brechen begann, eine Friedenspolitik einleitete und ein inneres Reformwerk in Gang setzte. Seine Parole »Mehr Demokratie wagen!« fand großen Widerhall.

Indessen sorgte der kleine Koalitionspartner des Bundeskanzlers Willy Brandt (SPD), die F.D.P., stets dafür, daß die Bäume nicht in den Himmel wuchsen, sprich: daß die Politik den Interessen des Großen Geldes nicht abträglich war, und dennoch betrieben damals rechtskonservative Kreise der Wirtschaft bereits, wenn auch zunächst vergeblich, den Sturz Willy Brandts, indem sie Abgeordnete der Koalition mit beträchtlichen Summen zum Abfall vom sozialliberalen Regierungslager bewogen.

Die damaligen Vorgänge sind geradezu ein Musterbeispiel für das direkte Einwirken des Großen Geldes auf die Bonner Politik, und deshalb seien sie - zum besseren Verständnis der gegenwärtigen Verhältnisse - im folgenden Kapitel kurz beschrieben.

Nichts zeigt deutlicher, wie hohl Helmut Kohls ständig im Munde geführte Phrase von der »geistig-moralischen Wende« in Wahrheit ist, als das Vorgehen seiner engsten Freunde und Förderer (und sein eigenes Verhalten) im Frühjahr 1972, als schon die Weichen für den Aufstieg des »Schwarzen Riesen« ins Kanzleramt von den Repräsentanten des Großen Geldes gestellt wurden.

Die Weichenstellung für den Aufstieg Helmut Kohls

In den späten 1960er und frühen siebziger Jahren war im Westen Deutschlands viel die Rede von »mehr Mitbestimmung«. Genauer: Alle Großunternehmen sollten nicht allein von den Kapitalgebern, sondern im gleichen Umfang, also paritätisch, auch von den Arbeitern und Angestellten in ihrer gesamten Unternehmenspolitik bestimmt werden – so wie es im Montanbereich, bei Kohle und Stahl, von der britischen Besatzungsmacht eingeführt worden war und sich glänzend bewährt hatte.

Allerdings waren den seit 1969 in Bonn regierenden Sozialdemokraten in dieser Frage die Hände gebunden; ihr Koalitionspartner, die FDP, hatte sich ausbedungen, das Thema »Mitbestimmung« für die Dauer des Regierungsbündnisses »auszuklammern«. Um so intensiver nahmen sich die nun in der Opposition stehenden Christdemokraten der gewerkschaftlichen Forderung an, zumindest ihr damals starker »linker« Flügel unter Führung von Norbert Blüm. Gemeinsam mit dem aufstrebenden Helmut Kohl, damals schon Ministerpräsident in Rheinland-Pfalz, erarbeitete Blüm einen Mitbestimmungs-Entwurf für das CDU-Parteiprogramm, der dann auf heftigen Widerstand der Herren des Großen Geldes stieß. Der CSU-Schatzmeister und Mitgesellschafter des Flick-Konzerns, Dr. Wolfgang Pohle, sah in dem Blüm/Kohl-Entwurf bereits »die Grenzen zur Planwirtschaft gefährlich verwischt«; der damalige Henkel-Konzernmanager Kurt Biedenkopf stieß ins selbe Horn, und CDU-Rechtsaußen Alfred Dregger sah schon den »Kommunismus durch die Hintertür« in die Großunternehmen dringen.

Dennoch gab man dem Blüm/Kohl-Entwurf reelle Chancen, auf dem CDU-Parteitag vom Januar 1971 eine Mehrheit zu erhalten und ins Wahlprogramm der Union aufgenommen zu werden, zumal auch der damalige CDU-Vorsitzende Rainer Barzel Mitbestimmungs-Sympathien zu hegen schien.

Aber dann kam alles ganz anders: Nachdem Kohl von einem Flick-Vertrauensmann, dem Daimler-Personalchef Dr. Hanns Martin Schleyer, aufgesucht und ins Gebet genommen worden war, machte er sich daran, ein »Kompromiß-Papier« zu entwerfen. Kohls neuer Entwurf sicherte dem Kapital die Herschaft, räumte aber den Arbeitnehmern gewisse Mitwirkungsrechte ein. Es lohnt indessen nicht, die Einzelheiten zu schildern. Denn kaum war der ursprüngliche Blüm/Kohl-Entwurf auf dem Parteitag erwartungsgemäß gescheitert, weil sich herumgesprochen hatte, daß Kohls »Kompromiß« allgemeine Zustimmung finden würde, da erwies es sich, daß nicht einmal Helmut Kohl selbst für seinen eigenen Plan einzutreten bereit war! Er empfahl statt dessen einen Entwurf der Industrie und stimmte für diesen.

Damit hatte Helmut Kohl – vom Standpunkt der Herren des Großen Geldes gesehen – seine Bewährungsprobe bestanden, auch wenn er dann bei der Kandidatur für den CDU-Parteivorsitz gegen Rainer Barzel ein letztes Mal unterlag. Der erboste Norbert Blüm aber ließ sich vor der Presse zu der Äußerung hinreißen: »Wir sind eben doch eine Unternehmerpartei!«

Rainer Barzel erkannte nun in Helmut Kohl seinen gefährlichsten Rivalen, den es abzuschütteln galt. So wagte er im Frühjahr 1972 den Versuch, Kanzler Willy Brandt durch ein konstruktives Mißtrauensvotum zu stürzen.

Der kühne Versuch, anstelle von Brandt Kanzler zu werden und damit jede innerparteiliche Konkurrenz auszustechen, mißlang, und überdies verlor die von Barzel geführte Union auch die Bundestagswahl vom November 1972. Der »glücklose« Barzel, den seine Partei und deren Geldgeber daraufhin gern kaltgestellt hätten, war aber keineswegs bereit, freiwillig einem anderen Platz zu machen, und er hielt auch noch einige Trümpfe bereit, die er auszuspielen drohte, falls man versuchen würde, ihn beiseite zu schieben. Seine Drohungen zeigten erhebliche Wirkung, und nun war guter Rat wirklich sehr teuer.

Es begann, was in den geheimen, erst zehn Jahre später öffentlich bekanntgewordenen Aufzeichnungen des damaligen Flick-Bevollmächtigten Eberhard v. Brauchitsch als »konzertierte Aktion« bezeichnet wurde: Von CDU-Seite wurden Heinrich Köppler und Helmut Kohl aktiv, auf Unternehmerseite Professor Kurt Biedenkopf vom Henkel-Konzern, der unvermeidliche Flick-Vertrauensmann Dr. Hanns Martin Schleyer und natürlich auch v. Brauchitsch, sodann Guido Sandler vom Oetker-Konzern, endlich auch Konrad Henkel, der Chef des Henkel-Konzerns. Das Ergebnis war, daß Rainer Barzel ein »weicher Fall« angeboten werden konnte: Zu seinen stattlichen regulären Bezügen sollten jährlich 250 000 bis 300 000 DM Honorare kommen, die ihm der Frankfurter Rechtsanwalt Dr. Paul zukommen lassen würde, der seinerseits das Geld von »Industriemandanten« bekäme. Und genauso geschah es.

Zehn Jahre später schrieb Erich Böhme darüber im »Spiegel« unter der Überschrift »wg. Dr. Kohl«:

»Rainer Candidus Barzel, der gescheiterte Kanzleraspirant des Jahres 1972, dessen salbungsvolle Tiraden die Deutschen Anfang der siebziger Jahre überreichlich genervt hatten und den die Union schließlich aus Fraktions- und Parteivorsitz hebelte, wäre nie zum ›sozialen Fall‹ geworden. Trotz einschlägiger Sorgen, die der damalige Kohl-Intimus Kurt Biedenkopf dem Barzel-Nachfolger Kohl aktenkundig machte – Durchschlag an das Haus Flick, versteht sich ... Das Haus Flick zahlte, Barzel kassierte (mit zusätzlichen Garnierungen von der Chase Manhattan Bank und vom Hause Oetker), der erfolglose CDU-Chef räumte ohne Gezeter das Feld ... Das Flick-Kürzel ›wg. Dr. Barzel‹ hatte seinen Zweck erfüllt: wg. Dr. Kohl, dessen Chefstuhl mit eintausendsiebenhundert Flick-Tausendern (1,7 Millionen DM) freigefächelt worden war.«

Auch Barzel-Nachfolger Kohl war zunächst glücklos: 1976 trat er als Kanzlerkandidat der Union an und unterlag bei den Bundestagswahlen; 1980 wurde Kohls Rivale Franz Josef Strauß als Kanzlerkandidat nominiert und scheiterte ebenfalls. Aber dann, am 1. Oktober 1982, kam Helmut Kohls große Stunde: Mit Hilfe der abgefallenen »Gruppe Genscher-Lambsdorff« der F.D.P. wurde der gewählte Bundeskanzler Helmut Schmidt (SPD) durch ein konstruktives Mißtrauensvotum gestürzt, Kohl zum Kanzler gewählt – mit einer Mehrheit von sieben Stimmen und gegen den erklärten Willen jener Wähler, denen Genscher im Herbst 1980 feierlich versprochen hatte, er werde »vier Jahre als zuverlässiger und aufrichtiger Partner« mit Helmut Schmidt und der SPD die Koalition fortsetzen.

Ein Drittel der F.D.P.-Bundestagsfraktion, darunter fast alle Frauen, verweigerte Genscher und dem Grafen Lambsdorff die Gefolgschaft bei diesem Betrug am Wähler. Aber seither ist Kohl Bundeskanzler und regiert die BRD auf eine Weise, die haargenau den Wünschen derer entspricht, die mit Hilfe der Macht des Großen Geldes den Kanzlerwechsel langfristig vorbereitet und dann herbeigeführt hatten.

Warum war ihre Wahl auf den Pfälzer Helmut Kohl gefallen? Wodurch hatte er sich vor anderen Bewerbern um das Kanzleramt ausgezeichnet und die Gunst der Herren des Großen Geldes erworben, so daß sie ihm zunächst den Chef-Sessel der CDU mit fast zwei Millionen Mark Barzel-Abfindung »freigefächelt« und schließlich auch die zur Kanzlerwahl fehlenden Stimmen »beschafft« hatten? Ja, wer war überhaupt dieser Helmut Kohl, den die meisten Bundesbürger nur als jungen Landesvater von Rheinland-Pfalz und als Wahlverlierer von 1976 kannten?

Helmut Kohls politische Karriere begann in seiner – wirtschaftlich vom Chemie-Riesen BASF beherrschten, traditionell von der SPD regierten – Heimatstadt Ludwigshafen. Dort war er am 3. April 1930 als Sohn eines kleinbürgerlichen Finanzbeamten zur Welt gekommen.

Kohls autorisierter Biograph Karl Günter Simon, der dem heutigen Kanzler in seinem 1969 erschienenen Buch »Die Kronprinzen« immerhin schon ein knappes Dutzend Seiten gewidmet hat, berichtet darin, daß Helmut (»Helle«) Kohl »aus schwarzem Elternhaus« stamme; daß der kräftige, hochgewachsene Oberrealschüler schon 1949, im ersten Bundestagswahlkampf, für die CDU als Redner aufgetreten sei (und zwar, wie Freunde und Gegner übereinstimmend sich erinnern, »laut, hemdsärmelig und naßforsch«) und daß er dann langsam, »Schritt für Schritt«, Karriere gemacht habe.

Schon als 17jähriger war Kohl der Jungen Union beigetreten, mit 25 Jahren wurde er bereits Mitglied des rheinland-pfälzischen CDU-Landesvorstands, mit 28 Jahren Kreisvorsitzender in Ludwigshafen und jüngster Landtagsabgeordneter im Mainzer Parlament. Nach dem Wunsch seiner Eltern studierte er zunächst Rechtswissenschaft in Heidelberg, denn er sollte höherer Beamter werden. Aber er interessierte sich nur für Politik, genauer: für seine eigene politische Karriere. Geld verdiente er sich nebenher, erst als Praktikant bei der BASF, als Direktionsassistent bei der Eisengießerei Mock, als kaufmännischer Volontär bei der Miederwarenfabrik »Felina«, dann als Referent des Landesverbands der chemischen Industrie von Rheinland-Pfalz-Saar in Ludwigshafen. Ehe er dort - mit einem Anfangsgehalt von 1 000 DM, später 3 000 DM - seine Tätigkeit aufnahm, erwarb er - nach immerhin neun Jahren oder 18 Semestern, die seit seinem Abitur vergangen waren! - den Doktorgrad, nicht den juristischen, denn er hatte im 5. Semester umgesattelt, sondern den Dr. phil. des Fachs Geschichte, mit einer 160 Schreibmaschinenseiten umfassenden, vornehmlich aus sorgsam gesammelten Zeitungsmeldungen bestehenden Arbeit zum Thema »Die politische Entwicklung in der Pfalz und das Wiedererstehen der Parteien nach 1945«.

Dr. Kohls Sternstunde kam, wenn man seinen Biographen Glauben schenken darf, am 3. April 1959, seinem 29. Geburtstag, mitten im rheinpfälzischen Landtagswahlkampf. Kohl kandidierte zum ersten Mal, und nun stand ihm - so beschrieb es Lothar Wittmann - »ein großer Auftritt bevor: Konrad Adenauer wird zu einer Großveranstaltung erwartet. Im hochroten Ludwigshafen soll der Besuch des Kanzlers zu einer eindrucksvollen Demonstration der ›Schwarzen‹ werden ... Zu diesem Behuf hat CDU-Geschäftsführer Fritze Keller ... zwei gewaltige Wurstmarktzelte aus Bad Dürkheim auf dem Marktplatz aufstellen lassen ... (Sie) fassen 8 000 Besucher. Kleinmütige Zweifler haben Kohl vor solchen Ausmaßen gewarnt ... 20 Minuten vor Beginn der auf 20 Uhr angesetzten Versammlung ist die Nervosität groß. Über Polizeifunk wird angekündigt, daß der Kanzlerwagen bereits Darmstadt passiert hat, und die Zelte sind erst zu höchstens 20 Prozent gefüllt! Wenn der Besucherstrom so dünn bleibt, wird es eine Blamage geben. Kurz entschlossen dirigiert Kohl den Kanzlerkonvoi ins Hotel St. Hubertus um. Der geplagte Kanzler muß die Möglichkeit haben, sich vor dem Auftritt noch etwas frisch zu machen.

Als der Kanzler dann ... eintrifft, sind die Zelte brechend voll ... Der Zustrom hat in letzter Minute und schlagartig eingesetzt. Drei Redner an diesem Abend: Helmut Kohl hält eine schwungvolle Begrüßungsrede, dann Peter Altmeier, der (rheinland-pfälzische) Ministerpräsident, dann Konrad Adenauer. Helmut Kohl bringt enthusiastische Stimmung ins Zelt, er spricht angriffslustig, wettert gegen Herbert Wehners Agitationsbesuch in der BASF. Droht die Politisierung der Betriebe? Konrad Adenauer wird aufmerksam, mustert interessiert den langaufgeschossenen Nachwuchsredner, fragt seinen Nachbarn Peter Altmeier, wer denn dieser hoffnungsvolle junge Mann sei ...«, und ernennt, so möchte man vermuten, wenn man dieser eindrucksvollen Schilderung gefolgt ist, Helmut Kohl sogleich zu seinem politischen Enkel und späteren Nachfolger.

Dies war jedoch keineswegs der Fall; die Ernennung zum Adenauer-Enkel nahm Helmut Kohl später selber vor, und auch die wunderbare Publikumsvermehrung in den Ludwigshafener Zelten kam nicht von ungefähr. Sie hatte viel Arbeit, Anstrengung und Hilfe von den Unternehmern aus dem Umland erfordert, von denen einer sich rühmte, er habe es sich 12 000 DM kosten lassen, »seine Leute« in Bussen »heranzukarren, ihnen 5 Mark pro Kopf spendiert für Verzehr und damit Kohls Schau gerettet«.

Wie dem auch sei: Jedenfalls ist eines sicher, nämlich daß Helmut Kohl damals schon einen millionenschweren Industriellen zum Freund und Förderer hatte, der Kohls Talente zu schätzen wußte und, wie er später wiederholt erklärte, »einen guten Riecher« für kommende Spitzenpolitiker hatte, die sich ihren Mäzenen dann als sehr nützlich erweisen konnten.

Helmut Kohls damaliger reicher Gönner war übrigens der Großaktionär und Vorstandsvorsitzende eines aufblühenden Unternehmens mit über zweitausend Beschäftigten in der von Ludwigshafen nur acht Kilometer entfernten pfälzischen Kreisstadt Frankenthal. Fast zwei Jahrzehnte lang, während aus dem Ludwigshafener JU-Führer ein Stadtrat, dann ein CDU-Landtagsabgeordneter, Fraktionsvorsitzender, schließlich sogar ein rheinland-pfälzischer Ministerpräsident, CDU-Bundesvorsitzender und Kanzlerkandidat wurde, war Helmut Kohl ein häufiger Gast in der Frankenthaler Industriellen-Villa. In allen diesen Jahren gab es zwischen Kohl und seinem reichen Gönner viele Gespräche über politische und wirtschaftliche Fragen. Der junge Politiker Kohl holte sich manchen Rat von seinem um 23 Jahre älteren, beinahe väterlichen Freund, ließ sich von diesem erzählen, wie man aus sehr bescheidenen Anfängen über Krieg, Niederlage und Währungsreform hinweg zu Multimillionärs- und Konzernherren-Höhen aufsteigt, und er scheint sich damals vorgenommen zu haben, es seinem Förderer gleichzutun, zumindest hinsichtlich eines rücksichtslosen Gebrauchs der Ellbogen und eines Mindestmaßes an moralischen Skrupeln sowie einer sorgfältigen Pflege dessen, was sein erfahrener Gönner »nützliche Beziehungen« zu nennen pflegte.

Tatsächlich hatte dieser Frankenthaler Industrielle glänzende Verbindungen und sogar enge freundschaftliche Beziehungen zu bereits arrivierten und kommenden Spitzenleuten aus Politik und Wirtschaft. Einigen davon präsentierte und empfahl er seinen Schützling Helmut Kohl, und auch sonst konnte der steinreiche Konzernchef dem aufsteigenden Jungpolitiker auf mancherlei Weise behilflich sein.

Natürlich stellte Helmut Kohl seinem Förderer auch das Mädchen vor, mit dem er sich zu verloben und – wie es für einen christlichen Politiker obligatorisch war – in Bälde zu verheiraten gedachte, und erst nachdem Kohls einstige Tanzstundenfreundin und zukünftige Ehefrau Hannelore von der Familie des Frankenthaler Industriellen in Augenschein genommen worden war, traf der angehende Landespolitiker Vorbereitungen für die Gründung eines eigenen Hausstands. Zwei Monate nach seinem Einzug ins Mainzer Landesparlament verheiratete er sich mit Hannelore Renner.

Nun konnte Helmut Kohl seinem Förderer hie und da auch schon ein paar Gefälligkeiten erweisen, denn sein Einfluß in der Mainzer CDU-Fraktion war von Anfang an groß, und andererseits steigerte der reiche Industrielle das Ansehen des jüngsten Abgeordneten, indem er diesen mitnahm auf eine Afrikareise, wie sie sich damals, Anfang der sechziger Jahre, ein noch unbekannter Provinzpolitiker kaum zu erträumen wagte. Frau Hannelore durfte derweilen mit der Gattin des Industriellen Ferien im schweizerischen Zermatt machen, wo den Damen ein luxuriöses Chalet zur Verfügung stand. Die Traumreise, auf die Kohl damals von seinem noblen Gönner mitgenommen wurde, ging ins Königreich Marokko, dessen Honorarkonsul für Rheinland-Pfalz sein väterlicher Freund geworden war, und sie wurde für Helmut Kohl zu einem Erlebnis wie aus Tausendundeiner Nacht. Übrigens, es sei hier nur am Rand vermerkt, weil es das harte Urteil vieler anderer, politischer Freunde wie Gegner, über den jungen Politiker Kohl bestätigt: Auch der ihm so wohlwollende Industrielle rügte, gerade im Anschluß an diese Marokkoreise, die miserablen Umgangsformen seines Schützlings. Wie schon gelegentlich zuvor und noch oftmals später, als Kohl schon längst Ministerpräsident in Mainz geworden war, bedauerte der Herr Konsul, wenngleich nur im engeren Familien- und Freundeskreis, das »ungehobelte Benehmen« Kohls und sein »schrecklich rücksichts- und taktloses Auftreten«. Der engste Freund des Herrn Konsuls, dem er davon erzählte, lachte indessen nur und sagte – wie er später dem Autor selbst erzählte –: »Laß man, Fritz, wenn er werden soll, was wir uns ausgedacht haben, kann er gar nicht rücksichtslos genug sein!«

Übrigens, der bislang verschwiegene Name des Kohl-Entdeckers und langjährigen -Gönners war Dr. Fritz Ries, damaliger Chef und Großaktionär des »Pegulan«-Konzerns mit Hauptsitz in Frankenthal. Dessen alter Freund, einstiger Kommilitone und »Leibfuchs« bei der Heidelberger schlagenden Verbindung »Suevia« und späterer stellvertretender Vorsitzender des »Pegulan«-Aufsichtsrats aber hieß Dr. Hanns Martin Schleyer, war bereits der Vertrauensmann des Daimler-Großaktionärs Friedrich Flick in der Untertürkheimer Konzernzentrale und bald auch stellvertretender Vorsitzender von »Gesamtmetall« sowie Vizepräsident der Arbeitgebervereinigung.

Er sollte noch höher aufsteigen, ehe er im Herbst 1977 von Terroristen entführt und ermordet wurde, doch in unserem Zusammenhang ist zunächst nur von Bedeutung, daß es Dr. Ries und Dr. Schleyer waren, die den Jungpolitiker Helmut Kohl »vormerkten« für zukünftige Jahre, wenn eine »Bundesregierung nach Maß« und nach dem Herzen der großen Konzerne aufzustellen sein würde.

Wir werden auf Dr. Fritz Ries und Dr. Hanns Martin Schleyer noch einmal zurückkommen, doch hier sei über Ries nur noch angemerkt, daß es für den »Pegulan«-Konzern und dessen Produkte, vor allem Fußbodenbeläge aus Kunststoff, 1975 eine Absatzkrise gab. Nur durch eine Landesbürgschaft in Millionenhöhe konnten die Banken bewogen werden, dem Unternehmen noch einmal über die Runden zu helfen. Das Fachblatt »Wirtschaftswoche« meldete dazu am 5. März 1976:

»Tatsächlich müssen die Finanzkalamitäten bei Ries und den Pegulan-Werken noch gravierender sein, als in der WiWo vom 23. Januar 1976 dargestellt. Der rheinland-pfälzische Finanzminister Johann Wilhelm Gaddum mußte dem SPD-Abgeordneten Rainer Rund auf eine Anfrage zur Pegulan-Krise denn auch eingestehen: ›Landesbürgschaften werden nur dann gewährt, wenn die Sicherheiten im Sinne der Beleihungsgrundsätze der Kreditinstitute nicht ausreichen.‹ Im Klartext heißt das: Pegulan hätte ohne die Bürgschaft des Landes keinen Kredit mehr bekommen. Ob indes diese Landeshilfe allein wegen der gefährdeten Arbeitsplätze zugesagt wurde oder ob der CDU-Kanzlerkandidat und Rheinland-Pfalz-Chef Kohl zusätzlich ein gutes Wort für Ries einlegte, bleibt offen.«

Offen bleibt auch, ob der sowohl von der seriösen »Wirtschaftswoche« als auch vom exklusiven »Manager-Magazin« verbreitete angebliche Ries-Ausspruch über Kohl – *»Auch wenn ich ihn nachts um drei anrufe, muß er springen!«* – korrekt wiedergegeben worden ist. Immerhin bezeichneten Ries-Tochter Monika und deren Ehemann, Rechtsanwalt Herbert Krall, dieses Zitat als »durchaus der Riesschen Auffassung von Kohl entsprechend«.

Mit Gewißheit läßt sich nur sagen, daß das damals von Helmut Kohl geführte Land Rheinland-Pfalz den Konzern des Dr.

Ries durch Übernahme von Bürgschaften in Millionenhöhe lange vor dem Zusammenbruch bewahrt hat. Dabei hat möglicherweise der Umstand eine Rolle gespielt, daß dem Ries-Konzern schon zuvor bedeutende Landesmittel zuteil geworden waren, deren Gesamthöhe von Fachleuten auf zig Millionen DM veranschlagt wurde.

Ebenfalls durch Kohl zuteil geworden war Dr. Fritz Ries im Februar 1972 der Stern zum Großen Bundesverdienstkreuz, eine ungewöhnliche Ehrung für einen Mann, dessen »unternehmerische Leistung und Engagement für die Gesellschaft«, wie es in der Verleihungsurkunde hieß, wahrlich nicht unumstritten waren. Denn Fritz Ries, Kohls »Weichensteller«, von ihm auch manchmal als »der gute Mensch von Frankenthal« bezeichnet, hatte eine recht dunkle unternehmerische Vergangenheit: Der am 4. Februar 1907 in Saarbrücken geborene Fritz Ries, Sohn des Inhabers einer Möbelhandlung, hatte nach dem Abitur ein Jurastudium begonnen, erst in Köln, dann in Heidelberg, wo er – wie schon kurz erwähnt – den acht Jahre jüngeren Korpsstudenten Hanns Martin Schleyer als »Leibfuchs« unter seine Fittiche nahm.

Schleyer, es sei hier nur am Rande angemerkt, war als Sohn eines Landgerichtsdirektors in Offenburg/Baden 1915 geboren worden und bereits als Schüler 1931 der Hitlerjugend beigetreten, 1933 in die SS aufgenommen worden (Mitgliedsnummer 227014) und galt mit 19 Jahren schon als »Alter Kämpfer«, der von 1934 an die Universität Heidelberg in eine »Forschungs- und Erziehungsanstalt nationalsozialistischer Prägung« zu verwandeln sich bemühte. Er leitete dort, später auch in Innsbruck, dann in Prag, das sogenannte »Studentenwerk«, aus dessen SS-Mannschaftshäusern der Sicherheitsdienst (SD) der Nazis seinen Nachwuchs rekrutierte. Von 1939 an stand der SS-Führer Dr. Schleyer im neuen »Protektorat Böhmen und Mähren« an der Spitze der gesamten SS-»Hochschularbeit«; ihm unterstanden rund 160 Angestellte, und sein Jahresetat betrug rund zehn Millionen Reichsmark.

Von 1939 an war SS-Hauptsturmführer Dr. Schleyer einem Mann direkt unterstellt, der als Chef des »Reichssicherheitshauptamtes« an der Spitze des SD, der Gestapo und der gesamten Polizei stand: SS-Obergruppenführer Reinhard Heydrich. Im September 1941 wurde Heydrich unter Beibehaltung seiner Machtstellung im Reich auch noch Stellvertreter des Reichsprotektors von Böhmen und Mähren und damit der eigentliche Herrscher in der Tschechoslowakei, Dr. Schleyer seine rechte Hand und Kontrolleur der tschechoslowakischen Industrie bis zum letzten Tag der deutschen Besatzung. Erst am 8. Mai 1945 schlug er sich mit den letzten SS-Verbänden unter Mitnahme von Geiseln, tschechischen Frauen und Kindern, zu den schon kurz vor Prag stehenden Amerikanern durch und wurde von diesen interniert und einige Jahre lang gefangengehalten.

Doch zurück zu Fritz Ries, der sich beim Heidelberger Korps »Suevia« bei Mensuren jene »Schmisse« genannten Fechtnarben holte, die für eine Karriere damals sehr förderlich waren. Unmittelbar vor dem Verbot der korpsstudentischen Mensuren forderte Ries noch einen Kommilitonen, der seine Ehre verletzt hatte, auf Pistolen, wobei ihm sein »Leibfuchs« Schleyer - wie dieser sich erinnerte und dem Autor lachend erzählte - die Waffe zum Kampfplatz trug.

Schon kurz darauf beendete Fritz Ries sein Studium als Dr. jur. und begann sogleich - im Herbst 1934 - seine Unternehmerkarriere, nachdem er im Jahr zuvor der Nazipartei beigetreten war und die Tochter des wohlhabenden Rheydter Zahnarztes Dr. Heinemann geheiratet hatte. Mit schwiegerväterlichem Geld entfaltete er - wie er selbst in einem Schreiben an eine hohe Nazi-Parteistelle ohne falsche Bescheidenheit anführte - »eine außerordentliche unternehmerische Aktivität«. Er hatte eine Leipziger Gummiwarenfabrik, Flügel & Polter, erworben und diesen 120-Mann-Betrieb in wenigen Jahren zu einem mittleren Konzern ausgebaut - fast ausschließlich mit Hilfe sogenannter »Arisierungen«.

Durch die judenfeindliche Politik der Nazis waren die früheren Eigentümer gezwungen, ihre Unternehmen weit unter dem tatsächlichen Wert und zu demütigenden Bedingungen an »Arier« wie Dr. Ries zu verkaufen. Anzumerken ist, daß Dr. Ries innerhalb kürzester Zeit zum branchenbeherrschenden Präservativ-Hersteller des »Großdeutschen Reiches« aufrückte und für seine rüde, auch im »angeschlossenen« Österreich praktizierte »Arisierungs«politik starke Rückendeckung durch die Nazi-Partei erhielt.

Vom Herbst 1939 an, also gleich nach Beginn des Zweiten Weltkrieges, wurde der Ries-Konzern »auf den Kriegsbedarf der Wehrmacht umgestellt und stark erweitert«. Die Beschäftigtenzahl hatte sich bis zu diesem Zeitpunkt verzehnfacht, der Umsatz war auf mehr als das Zwanzigfache gestiegen, und bald erreichten die Umsätze und Gewinne geradezu schwindelnde Höhen. Denn von 1941 an konnte Dr. Ries seinen Gummikonzern auf die eroberten polnischen Gebiete ausdehnen, immer neue Betriebe »übernehmen«, dabei unterstützt von einem eigens für solche Aufgaben engagierten SS-Standartenführer im Sicherheitsdienst (SD), Herbert Packebusch.

Packebusch, nach dem die Staatsanwaltschaft Kiel wegen dringenden Verdachts des Mordes in zahlreichen Fällen noch Jahrzehnte nach Kriegsende vergeblich fahndete, half Dr. Ries auch bei der Beschaffung von Arbeitskräften. So arbeiteten allein in einem der Ries-Betriebe im eroberten Polen, den »Oberschlesischen Gummiwerken« in Trzebinia (Westgalizien), laut einer »Gefolgschaftsübersicht« vom 30. Juni 1942, insgesamt 2 653 jüdische Zwangsarbeiter, davon 2 160 Frauen und Mädchen. Vornehmlich mit deren Hilfe, sprich: aufgrund rücksichtsloser Ausbeutung, stieg der Umsatz in Trzebinia von 101 861 RM im Dezember 1941 auf 1 300 619 RM im April 1942, also binnen vier Monaten auf mehr als das Zwölffache!

Die erhalten gebliebenen Berichte des deutschen Aufsichtspersonals geben Einblick in die im Ries-Werk Trzebinia damals herrschenden schrecklichen Zustände, zeigen die rigorose Ausbeutung und die täglichen Mißhandlungen der für Dr. Ries schuftenden Frauen und Mädchen.

So erging folgende Anordnung: »Wir haben den Arbeitskräften ... erklärt, daß die Arbeitsleistung in den nächsten Tagen wesentlich gesteigert werden muß, da wir sonst annehmen, daß die Arbeit sabotiert wird«; was nach Lage der Dinge eine klare Morddrohung war, denn nachlassende Leistung oder gar Sabotage wurde mit sofortiger »Umsiedlung« in das knapp 20 Kilometer entfernte KZ Auschwitz geahndet, wo »Arbeitsunfähige« sofort vergast wurden.

Da die deutschen Behörden aber bereits damit begannen, alle Juden der Gegend, ohne Rücksicht auf ihren Wert als Arbeitskräfte der »Oberschlesischen Gummiwerke« des Dr. Ries, nach Auschwitz zu schaffen, beschloß dieser »Vollblutunternehmer«, aus der Not eine Tugend zu machen, zumindest für sich selbst. Weil am Ende sicherlich auch diese letzten Fachkräfte »umgesiedelt« werden würden - zwecks späterer Ermordung, wie alle Beteiligten wußten -, galt es Vorsorge für seinen Konzern zu treffen. Da hatte nun ein trefflicher Ries-Mitarbeiter die Idee, die nach Auschwitz »umgesiedelten« und dort auf ihren Tod wartenden Juden nicht unproduktiv im KZ herumsitzen zu lassen, sondern ihre Wartezeit mit nutzbringender Arbeit für den Ries-Konzern auszufüllen.

Und so geschah es: Im Lager Auschwitz wurde eine »Großnebenstelle« errichtet. »Es stehen in Kürze etwa 3 000 bis 5 000 weibliche Arbeitskräfte zur Verfügung«, heißt es in der Meldung vom 10. Juli 1942. Die erforderlichen Näh- und sonstigen Maschinen aus dem Besitz schon ermordeter jüdischer Handwerker kaufte der Ries-Konzern der SS billig ab, und fortan brauchte sich Dr. Ries, der in einer schönen, eigens für ihn »beschlagnahmten« Villa in Trzebinia wohnte, um die »Arbeitsmoral« seiner Belegschaft nicht mehr zu sorgen. Darum kümmerte sich die SS, und die »Oberschlesischen Gummiwerke« lieferten nur das zu verarbeitende Material und holten die fertige Ware im KZ ab, um sie mit sattem Gewinn an die Wehrmacht und andere Abnehmer zu verkaufen.

Wie in Ostoberschlesien und Galizien, so hatte Dr. Ries noch einige weitere Produktionsstätten im annektierten Polen in Konzernbesitz gebracht, unter anderen einen Großbetrieb in Lodz, das die Deutschen in »Litzmannstadt« umgetauft hatten.

Natürlich arbeiteten auch die »Gummiwerke Wartheland«, wie Dr. Ries seine Lodzer Erwerbung nannte, erst mit jüdischen, dann mit polnischen Zwangsarbeitern; nur die Aufseher und das Wachpersonal erhielten reguläre Bezahlung.

Nebenbei bemerkt, auch die deutschen »Gefolgschaftsmitglieder« wurden bespitzelt und »vertraulich« gemeldet, etwa wenn sie den katholischen Gottesdienst besucht hatten. Und schließlich ging die Brutalität im Ries-Konzern so weit, daß die polnischen Arbeitskräfte, zumeist junge Frauen und Mädchen, nicht nur nach beendeter Schicht in einem Barackenlager unter Aufsicht gestellt, sondern auch während der Arbeitszeit im Saal eingeschlossen und nach Schluß der Arbeit durchsucht wurden. Verantwortlich für diese und andere »energische« Maßnahmen war ein von Dr. Ries im zweiten Halbjahr 1944 eingestellter neuer Direktor, der am 30. Oktober 1944 auch schriftlich anordnete, daß jeder »Mitarbeiter«, der mehr als einmal an seinem Arbeitsplatz unentschuldigt fehlte, zur »außerbetrieblichen Bestrafung« – durch die Gestapo – zu bringen sei.

Zu dieser Zeit war die »Verlagerung« – das heißt: der Abtransport nach Westen von allem, was nicht niet- und nagelfest war – bereits in vollem Gange, und der neue Direktor erwarb sich bei der Rettung des Ries-Besitzes vor der anrückenden Roten Armee »durch Umsicht, Schneidigkeit und Härte«, wie Dr. Ries ihm bescheinigte, große Verdienste.

Der Name dieses neuen Direktors, der ein »Alter Kämpfer« der Nazipartei und zuletzt Leiter einer Dienststelle im schon geräumten Krakau gewesen war, soll hier nicht verschwiegen werden: Es handelte sich um Artur Missbach, einen späteren CDU-Bundestagsabgeordneten, der als solcher vor allem dadurch von sich reden machte, daß er Ende der sechziger Jahre auf amtlichem Papier des Bundestags Werbebriefe für die Investment-Schwindelfirma IOS verschickte. Mit dem Bundesadler im Briefkopf pries MdB Missbach damals die IOS-Zertifikate als »die derzeit beste und sicherste Anlage mit der höchsten Rendite« an, und gleichzeitig verkaufte er – unter dem Decknamen »Sebastian Bach« – für mindestens drei Millionen Dollar IOS-Anteile an deutsche Sparer, die den – wegen Steuerhinterziehung landesflüchtigen – »Sebastian Bach« dann ebenso verfluchten wie ihre wertlos gewordenen Papiere.

Doch zurück zu Dr. Ries, dem mit seinem Direktor Missbach sehr zufriedenen Konzernchef, der im Winter 1944/45 seine riesige Beute aus Polen mit Lastwagen-Konvois und Güterzügen weit nach Westen »verlagerte«; und was die Bargeldbestände des Konzerns betraf, so erinnerte sich Ries-Tochter Monika – der 17. Zivilkammer des Landgerichts Stuttgart im

Prozeß um das Buch »Großes Bundesverdienstkreuz«* als Zeugin benannt – deutlich daran, wie sich ihr Vater im Familienkreis am abendlichen Kaminfeuer häufig mit Stolz dazu bekannt hat, anno 1945 »Riesensummen persönlich und kofferweise nach Westen geschafft« zu haben.

Fünf Jahre später indessen, am 28. November 1950, schilderte Dr. Ries seine Lage gegen und nach Kriegsende folgendermaßen: »1944 gründete ich die Gummiwerke Hoya GmbH. Mit dieser Gründung wollte ich lediglich einen Teil der Maschinen aus den mir gefährdet erscheinenden östlichen Gebieten retten. Tatsächlich waren bei Kriegsende in Hoya neue Maschinen für etwa 1,5 Millionen RM gelagert... Weiterhin standen mir bei Beendigung des Krieges einige hunderttausend Meter Stoff zur Verfügung...« Um einen Teil des kofferweise geretteten, aber immer wertloser werdenden Bargelds anzulegen, erwarb Dr. Ries kurz nach Kriegsende auf der am weitesten westlich gelegenen deutschen Nordseeinsel Borkum »Köhlers Strandhotel«, das größte Haus am Platze. Es stellte nach heutigen Maßstäben ein Multimillionenobjekt dar. Was aber der Besitz von »einigen hunderttausend Metern Stoff« in den Notjahren 1945/48 bedeutete, läßt sich heute überhaupt nicht mehr ermessen. Schon mit drei Metern Anzug- oder Mantelstoff konnte man bis zur Währungsreform vom Juni 1948 durch Tausch oder Verkauf auf dem Schwarzen Markt die Ernährung einer fünfköpfigen Familie für mindestens zwei Monate sicherstellen. Mit »einigen hunderttausend Metern Stoff« hätte man die Lebensmittelversorgung einer Großstadt während sechs Dekaden gewährleisten können, als die amtlichen Rationen, wie 1947 in Wuppertal, bei nur noch 650 Kalorien pro Tag lagen!

Jedenfalls darf man sagen, daß Dr. Ries die Nazi-Diktatur und den Zweiten Weltkrieg nicht nur heil, sondern geradezu glänzend überstanden hatte, ebenso die Wirren, das Elend und den Hunger der ersten Nachkriegsjahre. In Polen waren ihm

---

* Die Machenschaften des Dr. Fritz Ries, deren Entdeckung und Veröffentlichung durch den Autor dieses Schwarzbuches und die Auswirkungen der Veröffentlichung sind ausführlich dargestellt in dem Taschenbuch »Großes Bundesverdienstkreuz mit Stern«, Steidl Verlag, Göttingen 1987.

Abermillionen an Kriegsbeute zuteil geworden, nicht nur wertvolle, zum Teil fabrikneue Maschinen, waggonweise Textilien, Autoreifen, Gummistiefel, -schuhe und Mäntel, sondern auch kofferweise Bargeld, dazu Unmengen von Kunstgegenständen, Teppichen und Juwelen sowie – wie die erhalten gebliebenen Dokumente beweisen – die Wertsachen seiner Arbeitssklaven, der Schmuck und das Zahngold der geschundenen Männer, Frauen und Kinder.

Um so erstaunlicher ist es, daß Dr. Ries, obwohl aus Saarbrücken und später in Leipzig beheimatet, zeitweise in Trzebinia bei Auschwitz und zuletzt auf Borkum wohnhaft, mit Konzernsitz in Leipzig, dann in Hoya an der Weser und schließlich in Frankenthal, von den dortigen rheinpfälzischen Behörden dennoch als »Heimatvertriebener« anerkannt wurde. Ja, man bescheinigte ihm, dem großen Beutemacher, sogar einen »Vertreibungsschaden«! Am 10. Oktober 1953 – sein Schützling Helmut Kohl war bereits ein Lokalmatador der CDU mit guten Beziehungen – bestätigte ihm das Ausgleichsamt bei der Stadtverwaltung Frankenthal – Aktenzeichen 16/M/ke –, daß »der Antragsteller Dr. Fritz Ries hier die Feststellung der folgenden Vertreibungsschäden beantragt hat:

1. Geschäftsanteil an der Oberschlesischen Gummiwerke GmbH, Trzebinia, über Nennbetrag (Kapitalforderung)	1 445 000 RM
2. Geschäftsanteil an der »Gummiwerke Wartheland AG«, Litzmannstadt, über	500 000 RM
3. Verlust eines Einfamilienhauses mit 10 Zimmern in Trzebinia Kreis Krenau (Oberschlesien) – Grundvermögen –	

Weiter wird bestätigt, daß die Angaben des Antragstellers in dem Feststellungsantrag *hinreichend dargetan* sind.«

Mit anderen Worten: Einem Saarländer, der mit Wohn- und Konzernsitz in Leipzig das eroberte Polen ausgeplündert, Sklavenarbeiter aufs grausamste ausgebeutet und sich deren Besitz widerrechtlich angeeignet hatte, wurde amtlich bescheinigt, daß nicht seine Opfer, sondern er selbst zu entschädigen sei und daß seine dreisten Behauptungen als Beweis ausreichten! Und so wie in diesem Fall ging es dutzendfach weiter:

An jeder Finanzquelle, die die öffentliche Hand damals einem schuldlos verarmten und unterstützungsbedürftigen Heimatvertriebenen sprudeln ließ, wenn er einerseits im Osten Millionenverluste erlitten hatte, andererseits an seinem Aufnahmeort neue Arbeitsplätze zu schaffen bereit war, labte sich Dr. Ries mit Hilfe seiner politischen Freunde von der CDU in reichem Maße.

Glücklicherweise - für ihn - hatte man Dr. Fritz Ries als bloßen »Mitläufer« der Nazi-Partei eingestuft, und damit galt der millionenschwere Kriegsgewinnler und als V-Mann der Gestapo auserwählte, »absolut zuverlässige Nationalsozialist« Dr. Ries in Rheinland-Pfalz (und damit in der ganzen Bundesrepublik) als politisch völlig unbelasteter Ehrenmann.

Wann immer sich bei den Lastenausgleichs- und anderen Ämtern Zweifel regten, etwa was die behauptete Höhe der »Vertreibungsschäden« des Dr. Ries betraf, wurden sie - so nachzulesen in den Akten des damaligen Ries-Generalbevollmächtigten für die Regelung seiner »Ansprüche«, Dr. Grote-Mismahl - durch starken politischen Druck von oben beseitigt.

Wer diesen Druck ausübte, läßt sich nicht mehr mit Sicherheit feststellen, und es wäre unfair, diese Machenschaften allein dem 1953 gerade erst zum Mitglied des Geschäftsführenden Landesvorstands der regierenden CDU aufgerückten Ries-Günstling Helmut Kohl anzulasten, von dem allerdings feststeht, daß er in den folgenden Jahren, als er zum einflußreichsten Politiker des fest in der Hand seiner Partei befindlichen Bundeslands Rheinland-Pfalz aufstieg, seinem langjährigen Förderer Dr. Ries wiederholt sehr behilflich gewesen ist.

So stellt sich die Frage, ob Helmut Kohl über die düstere Vergangenheit seines großzügigen Förderers und dessen dreiste Lügen hinsichtlich seiner angeblichen »Vertreibungsschäden« genau Bescheid gewußt hat. Ries-Tochter Monika Krall, anwaltlich als Zeugin gehört, war sich nicht absolut sicher, ob ihr »Vater auch in Gegenwart von Dr. Kohl sich seiner so profitablen Unternehmertätigkeit in Polen gerühmt hat, und wenn ja, ob dann nur so allgemein oder mit genauen Einzelheiten«.

Eine damalige Ries-Angestellte, die sich ihrerseits genau daran erinnert, gab indessen zu Protokoll, daß »Herr Konsul

Dr. Ries dem Herrn Dr. Kohl stolz von seinen ›kriegswichtigen‹ Betrieben in Polen und von den ›glücklicherweise‹ in großer Anzahl zur Verfügung stehenden jüdischen und polnischen Zwangsarbeitern erzählt hat«. Sie wußte sogar noch das ungefähre Datum: »Es war im Frühjahr 1967 – der Herr Konsul Dr. Ries bekam das Große Bundesverdienstkreuz, das Herr Dr. Kohl, damals CDU-Landesvorsitzender, ihm verschafft hatte. Dr. Ries erzählte ihm dann, er hätte schon damals in Polen das Kriegsverdienstkreuz verliehen bekommen ...« Diese Zeugin, die in Frankenthal beschäftigt ist, wollte begreiflicherweise nicht namentlich genannt werden.

Indessen spielt die Frage, ob Helmut Kohl schon damals, im Frühjahr 1967, die ganze scheußliche Wahrheit über die Vergangenheit seines langjährigen Förderers kannte, keine große Rolle. Denn schon fünf Jahre später heftete Kohl, seit 1969 Ministerpräsident von Rheinland-Pfalz, dem Dr. Ries auch noch den Stern zum Großen Bundesverdienstkreuz an die Brust, und zu diesem Zeitpunkt war Helmut Kohl, wie sich beweisen läßt, voll unterrichtet über den Werdegang dieses Mannes, der ihn als jungen Politiker »entdeckt«, nach Kräften gefördert und die Karriere erst ermöglicht hatte: Kohl wußte Bescheid über die skrupellosen »Arisierungen« des »Kondom-Königs« Ries, dessen Beziehungen zur Gestapo und über dessen Raubzüge in Polen. Er war darüber im Bilde, daß sich Ries bei und in Auschwitz bereichert und Tausende von Arbeitssklavinnen für sich hatte schuften lassen. Desgleichen wußte er, daß die Entschädigungen für angebliche »Vertreibungsschäden« seines Gönners erschwindelt waren. Trotzdem zeichnete er ihn mit dem zweithöchsten Orden aus, den die Bundesrepublik zu vergeben hatte, pries öffentlich »das staunenswerte Lebenswerk« und »die vorbildlichen unternehmerischen Leistungen« des Dr. Ries und war ihm weiterhin bei jeder sich bietenden Gelegenheit gefällig.

Helmut Kohl war jedoch zu dieser Zeit längst nicht mehr der einzige Spitzenpolitiker der Unionsparteien, von dem Dr. Ries stolz behaupten zu können meinte: »Wenn ich den nachts um drei anrufe, muß er springen!«

Dazu muß man wissen, daß sich Konsul Dr. Ries, dessen »Pegulan«-Konzern damals noch florierte, einen – wie er fand –

»standesgemäßen« Landsitz nebst Jagdrevier, Golfplatz und Schloß zugelegt hatte: das als »Perle der Steiermark« gerühmte Schloßgut Pichlarn, eine der schönsten Besitzungen Österreichs. Dort verkehrten als Gäste des Schloßherrn Dr. Ries – nach den Veröffentlichungen der Lokalpresse in den frühen siebziger Jahren – etliche führende Persönlichkeiten der bundesdeutschen Wirtschaft und Politik, von denen wir hier ein knappes Dutzend als repräsentative Auswahl nennen und zu jedem Namen ein paar Erläuterungen geben wollen:

»Herr Generalbevollmächtigter Tesmann (es handelte sich um Rudolf Tesmann, geboren 1910 in Stettin, einen früheren hohen SS-Führer – letzter bekannter Dienstgrad [1943]: SS-Obersturmbannführer –, vom März 1944 bis Kriegsende Verbindungsmann zu Reichsleiter Martin Bormann; Tesmann wurde 1945 von den Engländern interniert und von seinem Mitgefangenen, dem Kaufhauskönig Helmut Horten, nach beider Entlassung 1948 in den Horten-Konzern, zuletzt als Generalbevollmächtigter, übernommen. Tesmann war außerdem damals Präsidiumsmitglied des ›Wirtschaftsrats der CDU‹);

Herr Dr. Hanns Martin Schleyer, Vorstandsmitglied der Daimler-Benz AG, mit Frau (den wir bereits kennengelernt haben und von dem noch im Zusammenhang mit der weiteren politischen Karriere Helmut Kohls die Rede sein wird);

Herr Dr. Alfred Dregger mit Frau (damals Vorsitzender der hessischen CDU, seit 1982 Fraktionsvorsitzender der CDU/CSU im Bundestag und inoffiziell Führer des rechten, sogenannten »Stahlhelm«-Flügels der Union);

Herr Bundestagsabgeordneter Siegfried Zoglmann (geboren 1913 in Böhmen, seit 1928 Mitglied der – in der CSR illegalen – Hitlerjugend (HJ), 1934 HJ-Führer in der Reichsjugendführung in Berlin, 1939 Oberster HJ-Führer im ›Protektorat‹ Böhmen und Mähren und Abteilungsleiter des ›Reichsprotektors‹. 1940 erbat und erhielt Zoglmann vom ›Reichsführer SS‹ Heinrich Himmler persönlich die Erlaubnis, als SS-Führer in die ›Leibstandarte SS Adolf Hitler‹ einzutreten. Nach 1945 Werbefachmann im Rheinland, 1950 Mitglied des NRW-Landesvorstands der FDP, bis 1958 Landtagsabgeordneter, von 1957 bis zu seinem Ausscheiden aus Altersgründen Mitglied des Bundestags, zunächst FDP-, seit 1972 CSU-Abgeordneter. Mit Hilfe Zoglmanns und anderer FDP-Überläufer sollte damals Willy Brandt gestürzt werden; die Verhandlungen hierüber wurden auf dem Ries-Schloß Pichlarn geführt);

Herr Dr. Eberhard Taubert (geboren 1907 in Kassel, Jurist, seit 1931 Mitglied der NSDAP, seit 1932 enger Mitarbeiter des Nazi-Propagandachefs und damaligen ›Gauleiters‹ von Groß-Berlin, Dr. Josef Goebbels, in dessen Reichsministerium ›für Volksaufklärung und Propaganda‹ Taubert 1933 eintrat, zunächst als Referatsleiter, zuständig für ›Aktivpropaganda gegen die Juden‹. Von 1942 an Chef des ›Generalreferats Ostraum‹, daneben seit 1938 auch Richter am 1. Senat des berüchtigten ›Volksgerichtshofs‹ und beteiligt an Todesurteilen gegen Widerstandskämpfer. Außerdem lieferte Ministerialrat Dr. Taubert Text und Idee zu dem 1940 uraufgeführten Hetzfilm »Der ewige Jude«, worin die in KZs und Gettos eingepferchten Juden mit Ratten und anderem »lebensunwertem« Ungeziefer verglichen wurden. 1945 tauchte der als Kriegsverbrecher gesuchte Dr. Taubert mit Hilfe westlicher Geheimdienste zunächst unter, um 1950 jedoch in Bonn wieder auf, leitete die Kalte Kriegs-Propaganda gegen die DDR, dann für Verteidigungsminister Franz Josef Strauß den Aufbau der psychologischen Kriegführung bei der Bundeswehr. Scharfe Proteste des Zentralrats der Juden führten dazu, daß Strauß sich von Dr. Taubert offiziell trennen mußte, und dieser trat dann als Leiter der Rechtsabteilung und des Persönlichen Büros von Konsul Dr. Fritz Ries beim »Pegulan«-Konzern in Frankenthal ein. In enger Abstimmung mit Ries und Strauß sowie mit finanzieller Hilfe aus Bonn und von etlichen Industriellen leitete Dr. Taubert die Hetzkampagnen gegen Willy Brandt und den Aufbau ultrarechter und neonazistischer Gruppen und Presseorgane.)

Und schließlich zählte zu den Gästen des Dr. Ries auf Schloß Pichlarn auch

Herr Bundesminister a. D. Franz Josef Strauß, Vorsitzender der bayerischen CSU, mit Frau, damals noch nicht Ministerpräsident in München, und er fand in der Berichterstattung der österreichischen Presse über die Gäste auf Schloß Pichlarn damals die meiste Beachtung.

Was die steiermärkischen Zeitungen indessen nicht wußten: Der CSU-Chef Strauß und Konsul Dr. Ries waren damals längst Duzfreunde, und überdies hatte Dr. Ries die Ehefrau seines Spezis, Frau Marianne Strauß geborene Zwicknagl, zu seiner Teilhaberin gewonnen, dies übrigens, ohne daß es Frau Strauß einen Pfennig gekostet hätte!

Frau Strauß war in die am 23. Februar 1971 gegründete Ries-Gesellschaft »Dyna-Plastik« in Bergisch-Gladbach eingetreten, laut Handelsregister zunächst mit einer Kommanditeinlage von 304 500 DM, was damals einer Beteiligung von etwa 14 Prozent entsprach. 1973 wurde das »Dyna-Plastik«-Kapitel erhöht, wobei der Anteil von Frau Strauß auf 406 000 DM oder 16 Prozent Kapitalanteil stieg. Frau Strauß hatte jedoch weder die erste Einlage noch die spätere Erhöhung einzuzahlen brauchen; diese sollten sich vielmehr »aus den Gewinnen auffüllen« – im Klartext: Dr. Ries hatte der Frau seines so einflußreichen Duzfreundes ein kleines Geschenk gemacht, eine erst 14-, dann 16prozentige Beteiligung an einer gutgehenden Konzern-Tochtergesellschaft, wohl in der richtigen Annahme, daß kleine Geschenke die Freundschaft erhalten, weshalb weitere ähnliche Beteiligungen der Frau Marianne Strauß an blühenden Unternehmen der Ries-Gruppe folgten.

Die enge Freundschaft des CSU-Bosses, dessen Bewunderung für die unternehmerischen Leistungen des Dr. Ries und die Beteiligung von Frau Marianne Strauß am Ries-Konzern, dessen finanzielle Grundlagen ja, wie wir bereits wissen, mindestens teilweise in Auschwitz, im Getto von Lodz (Litzmannstadt) sowie in weiteren Leidensstätten der versklavten Juden gelegt worden waren, erklären vielleicht das von der »Frankfurter Rundschau« 1969 zitierte Strauß-Wort (von dem er erst etwa zwei Jahre vor seinem Tod abgerückt ist): *»Ein Volk, das diese wirtschaftlichen Leistungen erbracht hat, hat ein Recht darauf, von Auschwitz nichts mehr hören zu wollen!«*

Helmut Kohl beobachtete das »Techtelmechtel« seines Freundes Dr. Ries mit dem CSU-Boß Strauß von Mainz aus mit sehr gemischten Gefühlen: Nicht zuletzt dank der Starthilfe und langjährigen Förderung durch Dr. Ries hatte er es dort inzwischen zum Ministerpräsidenten gebracht, Ende Mai

1970 auch schon seine Kandidatur für den CDU-Bundesvorsitz angemeldet, sich aber im Oktober 1971 auf dem CDU-Parteitag eine Abfuhr geholt - statt seiner war Rainer Barzel gewählt worden. Kohl war jedoch entschlossen, es nochmals zu probieren und 1975 zugleich ein noch höheres Ziel anzustreben, nämlich Kanzlerkandidat der Union zu werden, und spätestens dann würde er in Strauß seinen gefährlichsten Rivalen haben!

Indessen hätte ihn sein langjähriger Gönner Dr. Ries schon damals beruhigen können: Ries und seine Freunde aus der bundesdeutschen Konzernwelt hatten bereits ganz bestimmte Pläne, und tatsächlich waren sie sich schon darin einig geworden, es mit Helmut Kohl als Kanzlerkandidaten zu versuchen, wogegen sie nach langem Hin und Her den CSU-Chef Franz Josef Strauß als zwar sehr nützlich im Rüstungszentrum München, aber als »wenig geeignet« als Regierungschef in Bonn angesehen und von der Liste der möglichen Kanzlerkandidaten gestrichen hatten. Allerdings, auch darin waren sich die Herren des Großen Geldes einig geworden, sollte Helmut Kohl »eine intellektuelle Stütze« erhalten. Denn so unbestritten Kohls demagogische Talente und sein rücksichtsloser Gebrauch der Ellenbogen waren, so wenig vertraute man seinen geistigen Fähigkeiten.

Deshalb war - ebenfalls auf Schloß Pichlarn - schon zu Beginn der siebziger Jahre entschieden worden, dem Dr. Kohl fürs künftige Kanzleramt eine »Nummer zwei« an die Seite zu stellen, einen - wie der damalige Hauptbeteiligte es nannte - »Intelligenzbolzen«, der Kohls erkennbares intellektuelles Defizit ausgleichen und in Wahrheit »die Richtlinien der Politik« bestimmen sollte. Wieder war es Dr. Fritz Ries, der von den ganz großen Bossen dazu ausersehen wurde, einerseits die schon erkorene »Nummer zwei« auf den gemeinsam gefaßten Plan »einzustimmen«, andererseits seinem Schützling Kohl klarzumachen, daß er solche »intellektuelle Stütze« brauchen würde und zu akzeptieren hätte, denn schließlich wolle er doch der Nachfolger Adenauers und womöglich sogar Bismarcks werden. Auch diese, so erklärte der gewiefte Geschäftsmann Dr. Ries dem unbedarften Doktor der Geschichte Kohl, hätten eine graue Eminenz im Kanzleramt gehabt, der eine seinen

Staatssekretär Dr. Globke, der anderen seinen Geheimrat v. Holstein.

Helmut Kohl schien - wie eine Zeugin dieses Gesprächs sich deutlich erinnert - zwar über Adenauers Staatssekretär im Kanzleramt, Dr. Hans Maria Globke, Bescheid zu wissen; es war ihm wohl nicht entgangen, daß dieser Dr. Globke bis zu Adenauers Rücktritt im Jahre 1963 die Bonner Personalpolitik von der Gründung der BRD an maßgeblich beeinflußt, auch die westdeutschen Geheimdienste geleitet und zugleich das Vertrauen des hohen katholischen Klerus genossen hatte (dies übrigens auch schon zur Zeit der Nazi-Diktatur als damaliger Judenreferent des Reichsinnenministeriums, erst unter dem - 1946 in Nürnberg als Hauptkriegsverbrecher hingerichteten - Dr. Wilhelm Frick, dann unter dessen Nachfolger, dem »Reichsführer SS« Heinrich Himmler, weshalb er selbst als Nr. 101 auf der Kriegsverbrecherliste der Alliierten verzeichnet gewesen war).

Aber Helmut Kohl hatte, wie er dem Konsul Dr. Ries freimütig gestand, von einer »grauen Eminenz« Bismarcks namens Friedrich v. Holstein noch nie etwas gehört, was von seinem väterlichen Freund und Gönner schmunzelnd zur Kenntnis genommen worden war, und er hatte dann gesagt, Kohl müsse noch einiges lernen; Spitzenpolitiker brauchten, genau wie die Inhaber großer Unternehmen, hochintelligente und fleißige Ratgeber, zumal dann, wenn diplomatische Meisterstücke gefordert seien. Dabei gab er Kohl augenzwinkernd zu verstehen, daß Intelligenz, Fleiß und diplomatisches Geschick nicht gerade zu dessen hervorstechenden Eigenschaften zählten.

Wie Konsul Dr. Ries dann die heikle Aufgabe löste, dem künftigen Kanzlerkandidaten des Großen Geldes eine - von ihm und seinen mächtigen Freunden ausgesuchte - »Nummer zwei« schmackhaft zu machen, verdient uneingeschränkte Bewunderung und wird im übernächsten Kapitel geschildert werden.

Doch zunächst ließ Ries seinen Schützling Kohl im unklaren darüber, wen er für ihn als »intellektuelle Stütze« im Auge hatte. Er ging statt dessen, so erinnert sich die Zeugin deutlich, zu seinem Lieblingsthema über und lobte die geniale Strategie des »Reichsgründers« Bismarck. Man müsse sie den gewandelten Verhältnissen und der abermaligen Notwendigkeit wirtschaftlicher Expansion, diesmal nicht mit militärischen Mitteln, geschickt anpassen. Ein »Überrollen der Zone bei der ersten Gelegenheit« bezeichnete Dr. Ries damals als »durchaus machbar«, und er sah sein aufmerksam lauschendes politisches Ziehkind Helmut Kohl bereits als »möglichen Eisernen Kanzler dieser neuen ökonomischen Großmacht«.

Was nun diese - heute fast prophetisch anmutenden - Visionen des Dr. Fritz Ries zu Beginn der siebziger Jahre angeht, so waren sie damals bei westdeutschen Industriellen seines Alters und Schlages durchaus keine Seltenheit. Ratgeber wie Dr. Eberhard Taubert und andere frühere »Ostraum«-Experten bestärkten ihre Brotherren fleißig in solchen Wunschträumen, und was die Bismarck-Schwärmerei des Dr. Ries betraf, so war sie ebenfalls in Mode, zumal in konservativen Kreisen und bei »Alten Herren« schlagender Studentenverbindungen.

Warum - das bedarf einer kurzen Erläuterung.

Kurzer Ausflug in die deutsche Geschichte

Der erste deutsche Reichskanzler der Neuzeit, Otto v. Bismarck, mit dem Helmut Kohl gern verglichen werden möchte, führt in manchen Geschichtsbüchern den Beinamen »Eiserner Kanzler«, weil er mit großer Energie und meist im Alleingang, oft gegen die Volksmeinung und die Parlamentsmehrheit, mitunter auch gegen die Wünsche und Absichten des Staatsoberhaupts, seine eigene Politik verfolgte. Diese war darauf gerichtet, durch eine Reihe von Eroberungskriegen und geschickte »Vereinnahmungen« das Königreich Preußen, dessen Regierungsgeschäfte er von 1862 an führte, zur stärksten Macht in Europa werden zu lassen.

Dieses Preußen war bis zum Untergang der Hohenzollern-Monarchie im Jahre 1918 ein besonders reaktionärer und militaristischer Obrigkeitsstaat, wo adlige Großgrundbesitzer, sogenannte Junker, zu denen auch Bismarck gehörte, den Ton angaben und alle höheren Posten in Staat und Armee besetzt hielten. Bei seinem Eintritt in die Politik machte sich der junge Bismarck mit der Feststellung bekannt: »Ich bin ein Junker und will meinen Vorteil davon haben!« Indessen war er, trotz dieser Arroganz, sehr intelligent und weit gebildeter als die allermeisten seiner Standesgenossen.

Für das Abgeordnetenhaus des Junkerstaats Preußen, dem er angehörte, galt – bis 1918! – ein Dreiklassenwahlrecht. Zwei Drittel aller Erwachsenen durften ohnehin nicht wählen, weil sie entweder Frauen oder unter 25 oder Empfänger öffentlicher Beihilfen waren oder keinem eigenen Haushalt vorstanden. Das übrige Drittel war in drei Klassen eingeteilt: Die wenigen Höchstbesteuerten, die mittleren Steuerklassen und die Masse der Niedrigstbesteuerten wählten jeweils die gleiche Anzahl von Wahlmännern, die ihrerseits gemeinsam den Abgeordneten des Bezirks bestimmten. Damit war garantiert, daß die Reichen und Wohlhabenden immer das Sagen hatten, der breite

Mittelstand unterlegen blieb und die Masse des Volkes gar keinen Einfluß auf die Zusammensetzung des Parlaments ausüben konnte.

Trotz dieser völlig undemokratischen Verhältnisse vermochte Bismarck, als er 1862 preußischer Ministerpräsident geworden war, in den ersten vier Jahren seiner Amtszeit nur gegen das Parlament und an diesem vorbei zu regieren, weil auch den wohlhabenden Bürgern Preußens seine auf Krieg gerichtete Politik und die enormen Rüstungsausgaben verhaßt waren. Erst als Bismarck ihnen durch umfangreiche Eroberungen den ersehnten größeren Markt und stark vermehrten Profit beschert hatte, waren auch die - meist nationalliberalen - Besitzbürger von ihm begeistert.

Durch drei Angriffskriege - 1864 im Bündnis mit Österreich gegen das kleine Dänemark, 1866 gegen den Deutschen Bund und dessen Vormacht Österreich, 1870/71 gegen Frankreich - verwirklichte Bismarck seine kühnen Pläne, und man nannte dies (und nennt es wohl noch heute) sein »Einigungswerk«. Dabei hatte er in Wahrheit keineswegs alle Deutschen in einem Nationalstaat vereinigt, vielmehr rund ein Fünftel aller Deutschen Mitteleuropas ausgesperrt! Die über zehn Millionen Deutschösterreicher von Nordböhmen bis Südtirol waren als geschlagene »Feinde« nicht in das 1871 gegründete Deutsche Reich aufgenommen worden. Dafür zählte das Bismarck-Reich unter seinen damals 42 Millionen Einwohnern über vier Millionen Nichtdeutsche, darunter knapp drei Millionen »Mußpreußen« polnischer Muttersprache, je rund 150 000 Litauer, Masuren und Kaschuben, knapp 200 000 Dänen sowie annähernd 300 000 Franzosen und Wallonen. Sie waren durch Eroberungen preußische Untertanen geworden oder lebten im annektierten, von Preußen beherrschten »Reichsland« Elsaß-Lothringen. Überhaupt war das von Bismarck geschaffene Deutsche Reich in Wahrheit nur ein vom stark vergrößerten Preußen beherrschtes Wirtschaftsgebiet, dessen nichtpreußische Teile eine gewisse Scheinsouveränität genossen. Die Bezeichnung »Deutsches Reich« war eine geschickte Täuschung, weil das mitteleuropäische Reich des Mittelalters, das in der Neuzeit zerschlagen worden und 1806 auch formal untergegangen war, eine gänzlich andere Struktur und Bedeutung, auch keine wirkliche Zentralgewalt, keine ständige Hauptstadt, zudem fließende Grenzen gehabt hatte; und weder zum Reich noch zum Deutschen Bund, der von 1815 bis 1866 bestanden hatte, war das eigentliche Preußen je gerechnet worden.

Mit dem »Blitzkrieg« Preußens gegen den Deutschen Bund hatte Bismarck diesen zerschlagen, Österreich in Deutschland entmachtet und daraus verdrängt, Preußen aber stark vergrößert - um Schleswig-Holstein, das Königreich Hannover, Hessen-Kassel, Hessen-Nassau und die Reichsstadt Frankfurt am Main -, so daß dieser von ihm regierte Hohenzollernstaat, der sich einige Jahrzehnte zuvor schon halb Sachsen und das Rheinland einverleibt hatte, nun zu einer Mitteleuropa beherrschenden Macht geworden war. Mit dem nächsten Schlag - 1870 gegen Frankreich - wurde Preußen-Deutschland zur stärksten Macht auf dem Kontinent, vereinnahmte Lothringen und das Elsaß, gründete das - nun von Berlin aus regierte - Deutsche Reich und gliederte diesem zur Verstärkung des preußischen Übergewichts Ost- und Westpreußen sowie das Großherzogtum Posen an.

Noch 23 Jahre zuvor, nach der Märzrevolution von 1848, war der damalige Preußenkönig Friedrich Wilhelm IV. unter dem Druck der demokratischen Erhebung der Berliner zu der Erklärung gezwungen gewesen: »Preußen geht fortan in Deutschland auf!« Das hatte dem Wunsch der großen Mehrheit entsprochen, die ein demokratisches, im Frieden mit den Nachbarn lebendes Deutschland ohne Fürsten und Kleinstaaterei gefordert hatte.

Aber die demokratische Revolution war dann von preußischem Militär niedergewalzt worden - unter dem Befehl jenes Prinzen Wilhelm, den Bismarck 1871 zum Deutschen Kaiser proklamieren ließ, als es ihm gelungen war, Deutschland in Preußen aufgehen zu lassen - unter Fortbestand der Adelsprivilegien und der Scheinsouveränität von 26 deutschen Kleinstaaten.

Dieses von Bismarck geschaffene und dann noch fast zwei Jahrzehnte lang regierte Hohenzollernreich erfüllte die Wünsche der Industrie und des Handels, war aber nach obrigkeitsstaatlichen, autoritären, gänzlich undemokratischen Grundsätzen aufgebaut. Adel, Militär und im Bunde mit diesen die Herren der sich stürmisch entwickelnden Industrie gaben den Ton an. Die immer stärker werdende Opposition der ausgebeuteten Industriearbeiterschaft versuchte Bismarck durch die »Sozialistengesetze« mundtot zu machen und die Sozialdemokratie samt ihren Gewerkschaften zu zerschlagen - vergeblich, denn beide wurden noch um vieles stärker. Deshalb wurde die Armee abermals vermehrt, denn sie sollte auch den »inneren Feind« in Schach halten.

Erfolgreich war Bismarck hingegen mit seiner Diplomatie. Sie war darauf gerichtet, sein »Deutsches Reich« genanntes Großpreußen zu festigen und das Risiko weiterer Kriege zu vermeiden. Diese kluge Zurückhaltung wurde nach Bismarcks Sturz im Jahre 1890 schon bald aufgegeben. Kaiser, Generalität und Großkapital drängten auf weitere Machtausdehnung. Sie wollten die Vorherrschaft, nicht allein auf dem europäischen Kontinent, sondern auch auf den Meeren. Dem unausweichlichen Konflikt mit allen anderen Großmächten, den dieses Streben nach Weltherrschaft heraufbeschwor, sah die deutsche Führung siegesgewiß entgegen.

Indessen endete der Erste Weltkrieg 1918 mit der militärischen Niederlage Deutschlands und dem Zusammenbruch der Hohenzollern-Monarchie. Im selben Spiegelsaal des Versailler Schlosses, wo das Bismarck-Reich gegründet worden war, wurde 47 Jahre später dessen Untergang besiegelt und Deutschland auf die Grenzen zurechtgestutzt, die dann bis 1937 galten.

Die Kriegstreiber von 1914 und die konservative deutsche Rechte wollten sich jedoch weder mit diesen »unrechtmäßigen« Grenzen noch mit den übrigen Folgen der militärischen Niederlage von 1918 abfinden. Deutschlands Abrüstung und die Herstellung demokratischer und sozial gerechterer Verhältnisse waren ihnen ein Greuel. Die Herren des Großen Geldes, zumal die der Rüstungsindustrie, im Bunde mit den Militärs und den um ihre verlorenen Privilegien trauernden preußischen Junkern betrieben fortan den Sturz der Republik. Sie finanzierten rechte und ultrarechte Kampforganisationen vom »Stahlhelm« bis zur SA und SS, schufen einen deutschnationalen, Presse und Filmindustrie weitgehend beherrschenden Propagandaapparat und nutzten die Weltwirtschaftskrise, die in Deutschland 1931/32 ihren Höhepunkt erreichte, der durch Massenarbeitslosigkeit und Elend geschwächten Republik nach nur vierzehn Jahren ihres Bestehens den Garaus zu machen.

Die Nazi-Diktatur, die sie Anfang 1933 errichteten und durch rechtskonservative Fachleute ihres Vertrauens unter Kontrolle zu halten hofften, war aber von noch kürzerer Dauer. Anfangs erfüllten die Nazis zwar die vom Großen Geld in sie gesetzten Erwartungen: Sie zerschlugen sofort und mit äußerster Brutalität die Gewerkschaften und die miteinander verfeindeten Linksparteien, beseitigten die Tarifautonomie, die Betriebsräte, das Streikrecht und begannen sogleich mit massiver Aufrüstung. Auch der Krieg, den Hitler 1939 vom Zaun brach, brachte anfangs die erhofften Eroberungen und Ausbeutungsmöglichkeiten. Aber er endete, wie nicht anders zu erwarten gewesen war, nach sechs Jahren des Grauens und der Verwüstung großer Teile Europas mit der vollständigen militärischen Niederlage Deutschlands und dem Untergang der Nazi-Diktatur in Schutt und Schande.

45 Jahre lang war das übriggebliebene Deutschland erst in vier Besatzungszonen, dann in zwei selbständige, jahrzehntelang keine Beziehungen zueinander unterhaltende Staaten aufgeteilt, die entgegengesetzten gesellschaftlichen und politischen Systemen angehörten.

Konrad Adenauer, erster Bundeskanzler von 1949 bis 1963, zog aus den Gegebenheiten politische Konsequenzen, die seiner Herkunft, Erfahrung und Grundeinstellung entsprachen. Er wurzelte noch im 19. Jahrhundert und hatte die ersten 42 Jahre seines Lebens unter dem autoritären Regime des wilhelminischen Kaiserreichs verbracht. Er war Rheinländer, Katholik, Mitglied der katholischen Zentrumspartei, wo er dem eher rechten Flügel angehörte, der im Sozialismus den Erzfeind, im Faschismus einen möglichen Verbündeten sah. 1929, als Mussolini, der den italienischen Arbeiterführer Giacomo Mateotti kurz zuvor hatte ermorden lassen, seinen Frieden mit dem Vatikan machte, telegrafierte ihm Adenauer, damals Kölner

Oberbürgermeister: *»Der Name Mussolini wird in goldenen Buchstaben in die Geschichte der katholischen Kirche eingetragen!«* 1919, nach dem Untergang der Hohenzollern-Monarchie, hatte Adenauer schon mit dem Gedanken geliebäugelt, Westdeutschland vom sozialistisch regierten Reich abzuspalten und es als starken Partner in eine katholisch-konservative Wirtschaftsunion der westlichen Nachbarn Belgien, Luxemburg und Frankreich einzubringen. 1945 nahm er diese Pläne sogleich wieder auf.

»Nach meiner Ansicht«, erklärte Adenauer am 5. Oktober 1945, *»sollten die Westmächte die drei Zonen, die sie besetzt halten, tunlichst in einem rechtsstaatlichen Verhältnis zueinander belassen. Das Beste wäre, wenn die Russen nicht mittun wollen, sofort wenigstens aus den drei westlichen Zonen einen Bundesstaat zu bilden.«* Es konnte ihm also mit der Teilung Deutschlands gar nicht schnell genug gehen, und er fügte dann noch hinzu: *»Um aber den Sicherheitswünschen Frankreichs gegenüber einem solchen westdeutschen Bundesstaat zu genügen, müßte man die Wirtschaft dieses westdeutschen Gebiets mit der Frankreichs und Belgiens so eng wie möglich verflechten.«*

Es war indessen nicht allein Adenauers Sympathie für ein enges Bündnis mit den katholischen Nachbarn oder seine tiefe Abneigung gegen alles auch nur entfernt Sozialistische, die ihn auf eine Spaltung Restdeutschlands in einen kapitalistischen Weststaat und einen den Sowjets überlassenen Oststaat hinarbeiten ließ. Vielmehr war er auch, obwohl zwölf Jahre lang Präsident des Preußischen Staatsrats der Weimarer Republik, ein entschiedener Gegner Preußens.

»Wir im Westen lehnen vieles, was gemeinhin ›preußischer Geist‹ genannt wird, ab«, so hatte er in der »Welt« vom 30. November 1946 erklärt. *»Ich glaube, daß die deutsche Hauptstadt eher im Südwesten liegen soll als im weit östlich gelegenen Berlin ... Sobald aber Berlin wieder Hauptstadt wird, wird das Mißtrauen im Ausland unauslöschlich werden. Wer Berlin zur neuen Hauptstadt macht, schafft geistig ein neues Preußen.«* Schon früher hatte Adenauer Berlin eine »heidnische Stadt« genannt, Preußen als »Anfang Asiens« bezeichnet. Die Schaffung der Bundesrepublik mit dem linksrheinischen, bürgerlich-konser-

vativen und gutkatholischen Bonn als Hauptstadt und die Entmündigung der Westberliner in Bundestag und Bundesrat waren ganz nach seinem Herzen und sicherten die Herrschaft seiner Union, denn die Hochburgen des katholischen Zentrums hatten vor 1933 in Gebieten gelegen, die nun zur BRD gehörten, die der Sozialdemokraten aber überwiegend in der nunmehrigen DDR und in Ostberlin.

Wenn Adenauer als Bundeskanzler dennoch bei jeder Gelegenheit von einer zu erhoffenden und zu erstrebenden »Wiedervereinigung« sprach und auch »die Grenzen von 1937« forderte, so waren dies notwendige Zugeständnisse an die Gefühle der fast zwölf Millionen Flüchtlinge und Vertriebenen, die sich in den ersten zehn Jahren in Westdeutschland fremd und benachteiligt fühlten und damals noch auf eine baldige Rückkehr in die frühere Heimat hofften. Aber seine tatsächliche Politik war keineswegs auf eine Wiedervereinigung ausgerichtet, vielmehr auf die rasche und alle Bereiche umfassende Integration der BRD in das westliche Bündnis, die er ja auch mit erstaunlichem Erfolg betrieb, wogegen er jeden Vorschlag von östlicher Seite, die Einheit Deutschlands wiederherzustellen, dafür auf Aufrüstung, NATO-Mitgliedschaft und Stationierung von Atomwaffen zu verzichten, als »kommunistisches Blendwerk« energisch zurückwies, auch Viermächtegarantien für ein neutralisiertes Gesamtdeutschland (nach dem Muster Österreichs) als »Firlefanz« abtat.

Unter Adenauer wurde Anfang der fünfziger Jahre die sogenannte Hallstein-Doktrin entwickelt. Sie beruhte auf dem Anspruch der Bundesrepublik, allein die Rechtsnachfolge des untergegangenen Deutschen Reiches angetreten zu haben und die Interessen aller Deutschen zu vertreten. Die DDR war dieser Doktrin zufolge »nichtexistent«, also staatsrechtlich gar nicht vorhanden.

Dieser Unfug, der auch keinerlei Kontakte auf Regierungsebene zwischen Bonn und Ostberlin zuließ, zementierte die Teilung Deutschlands und machte es dem stalinistischen Regime Walter Ulbrichts leicht, ja überhaupt erst möglich, sich völlig abzukapseln und einzumauern, immer unter Hinweis auf die kompromißlos feindselige Haltung Bonns, die wachsende militärische Bedrohung durch die Bundesrepublik und die Notwendigkeit, sich gegen die westdeutsche Propaganda und Agentenflut zu schützen. Erst durch Willy Brandt, den ersten sozialdemokratischen Kanzler, wurde von 1969 an eine neue Ostpolitik gewagt und die Hallstein-Doktrin fallengelassen.

Die neue, von der CDU/CSU heftig bekämpfte Ostpolitik Willy Brandts mit dem Ziel, die friedensgefährdende Hochrüstung abzubauen und die innerdeutschen Beziehungen, nicht zuletzt den Reiseverkehr, allmählich zu normalisieren, machte dem Kalten Krieg ein Ende und setzte auf »Wandel durch Annäherung«.

Diese Hoffnung erfüllte sich im Herbst 1989. Aber es waren nun Helmut Kohl, dessen Union und deren freidemokratische Koalitionspartner, die ernten konnten, was Willy Brandt und dessen politische Freunde nach mühseliger Abtragung der in Jahrzehnten des Kalten Krieges angehäuften Hindernisse gesät hatten. Kohl, ohne eigenes Zutun plötzlich zum »Kanzler der deutschen Einheit« aufgestiegen, nutzte seine Chance. Nachdem sich die DDR aus eigener Kraft vom Honecker-Regime befreit hatte, versprach Kohl deren Bürgerinnen und Bürgern goldene Berge, »blühende Landschaften« und grenzenlose Konsumfreiheit, und tatsächlich gelang ihm so der kaum noch erhoffte Wahlsieg im Dezember 1990.

Seither haben die Menschen im »Beitrittsgebiet« der neuen Bundesländer erfahren, was es heißt, brutal und rücksichtslos vereinnahmt und dem »freien Spiel der Kräfte« ausgeliefert zu werden. Sie konnten nicht ahnen, daß es Helmut Kohl und seiner Regierungskoalition nur darum ging (und noch geht), auch östlich der Elbe jene Umverteilung von unten nach ganz oben durchzuführen, die in Westdeutschland schon seit Jahren im Gange war. Dieser Prozeß, der keinerlei Rücksicht auf die sozial Schwachen zuläßt, dient allein den Interessen der Superreichen.

Denn dafür wurde Helmut Kohl von Konsul Dr. Ries, der ihn von der Schulbank an gefördert und ihm später umfangreiche Hilfe bei seinem politischen Aufstieg verschafft hatte, im Auftrag der Herren des Großen Geldes auserwählt. Dafür wurde Kohl an die Spitze der CDU gehievt und mit einem klugen Ratgeber versehen, der ihn ins Kanzleramt begleiten und Kohls Mängel, zumal die an Intelligenz und Takt, ausgleichen sollte.

Nachdem - wie bereits geschildert - Rainer Barzels CDU-Chefsessel für Helmut Kohl mit Hilfe von viel Flick-Geld »freigefächelt« worden war, hatte Dr. Ries 1972/73 die delikate Aufgabe, den künftigen Ratgeber behutsam auf dieses Amt vorzubereiten, seinen Schützling Helmut Kohl auf die für ihn ausersehene »Nummer zwei« einzustimmen und beide unter seine Fittiche zu nehmen.

Mittelfristige Planung eines Kanzlerwechsels

Zum besseren Verständnis vorausgeschickt: Im Juli 1976 – nur 13 Monate vor der Entführung und schließlichen Ermordung Dr. Hanns Martin Schleyers durch RAF-Terroristen – hatte der Autor dieses Schwarzbuchs ein längeres Gespräch mit diesem »Boß der Bosse«, der damals Vorstandsmitglied der Daimler-Benz AG, Präsident der Bundesvereinigung der Deutschen Arbeitgeberverbände (BDA) und Vertrauensmann der Flick-Gruppe war, bald darauf auch noch Präsident des Bundesverbands der Deutschen Industrie (BDI) wurde. Die Unterhaltung war auf Wunsch Dr. Schleyers zustande gekommen*.

Bei dem gemeinsamen Mittagessen in einem Münchener Hotel zeigte sich Dr. Schleyer ungewöhnlich offen. Soweit es seine und seiner Freunde politischen Pläne betraf, erklärte er, es sei ein Irrtum zu glauben, Franz Josef Strauß sei ihr Favorit für das Kanzleramt. »Er hat große Qualitäten«, meinte damals Schleyer über Strauß, »aber er ist zu unkontrolliert und – zu angreifbar...«

Nun gab es wahrlich Gründe genug, den damaligen CSU-Chef für »zu angreifbar« zu halten: Er stand, wie das Landgericht München ihm bescheinigt hatte, »im Ruch der Korruption«, und seine Laufbahn war seit den frühen fünfziger Jahren, als er Bundesverteidigungsminister Adenauers wurde, eine Kette von Skandalen und Affären. Aber Dr. Schleyer hatte, wie sich dann herausstellte, mit der »Angreifbarkeit« des FJS etwas anderes gemeint und dessen skandalöse Verquickung von politischer Amtsführung und privaten Geschäften unter die Rubrik »zu unkontrolliert« eingeordnet. Das ergab sich aus einem Zusatz, der sinngemäß etwa besagte: Ihm, Schleyer, sei es egal, daß die Leute nun wüßten, daß er mal SS-Führer gewesen sei; aber er wolle ja nicht Bundeskanzler werden...

---

* Näheres darüber ist nachzulesen in: Bernt Engelmann, »Großes Bundesverdienstkreuz mit Stern«, Steidl Verlag, Göttingen 1987.

Schleyers Bemerkung, Strauß wäre als Kanzler »zu angreifbar«, hatte sich also auf dessen Nazi-Vergangenheit bezogen, und zwar etwa in der Bedeutung: Als Ministerpräsident in Bayern kann ein Mann wie Strauß noch durchgehen, aber nicht als Bundeskanzler in Bonn.

Zur weiteren Klarstellung: Franz Josef Strauß leugnete zeitlebens seine Nazi-Vergangenheit; er hatte für alles ganz harmlose Erklärungen: Gewiß, er habe dem NSKK angehört, aber dieses NS-Kraftfahrkorps sei unpolitisch gewesen, er selbst nur Mitglied wegen seiner Leidenschaft fürs Motorradfahren; als Student habe er einer »Pflichtorganisation«, dem NS Deutschen Studentenbund (NSDStB) als einfaches Mitglied angehört; schließlich sei er gegen Kriegsende »Offizier für wehrgeistige Führung« gewesen, habe den Soldaten Geschichtsunterricht erteilt, aber als er dann NSFO, NS-Führungsoffizier, hatte werden sollen, da habe er abgelehnt und sich dem heimlichen Widerstand angeschlossen.

Tatsächlich ist urkundlich erwiesen, daß es mit alledem eine ganz andere Bewandtnis gehabt hat, und Dr. Schleyer wußte aus eigener Erfahrung, daß der NSDStB alles andere war als eine harmlose »Pflichtorganisation«, nämlich die - auf nur 5 000 Mitglieder im ganzen Großdeutschen Reich strikt begrenzte - Kaderschule für den SD, den gefürchteten Sicherheitsdienst der SS, dem ja auch Dr. Schleyer selbst angehört hatte.

Wenn aber Hanns Martin Schleyer und die ihm nahestehenden Kreise damals, 1976, von Franz Josef Strauß als Kanzlerkandidat nichts hielten, wen mochten er und seine Freunde dann im Auge haben?

Der Autor stellte ihm diese Frage, und überraschenderweise erwiderte Dr. Schleyer ohne Zögern:

»Wir setzen auf das Tandem Kohl/Biedenkopf.«

Professor Kurt Biedenkopf, der 1973 zur allgemeinen Überraschung Generalsekretär des CDU-Bundesvorstands geworden war, galt als »Vordenker« der Union. Im übrigen war er für die bundesdeutsche Öffentlichkeit im Wahljahr 1976 noch ein unbeschriebenes Blatt. Wer sich über den Professor, der bislang kein Bundestagsmandat gehabt hatte, näher informieren wollte, fand im »Wer ist wer?« folgenden, auf eigenen Angaben des Professors beruhenden Eintrag:

»BIEDENKOPF, Kurt H., Dr. jur. (habil.), LL. M., Professor, geboren am 28. Januar 1930 in Ludwigshafen/Rh. (Vater: Wilhelm Biedenkopf), verheiratet mit Sabine geb. Wäntig, 4 Kinder. - 1963-71 Lehrtätigkeit an der Universität Frankfurt/Main (Privatdozent) und Bochum (Ordinarius seit 1964; von 1967-69 Rektor). 1968ff. Vorsitzender der Mitbestimmungskommission der Bundesregierung. 1971ff. Vorstandsmitglied der C. Rudolf Poensgen-Stiftung; 1972ff. Vorsitzender des Landeskuratoriums des Stifterverbands für die deutsche Wissenschaft (Neugründung); seit 1973 Generalsekretär des CDU-Bundesvorstands. - Buchveröffentlichungen: Aktuelle Grundsatzfragen des Kartellrechts, 1957 (mit Callmann und Deringer); Vertragliche Wettbewerbsbeschränkungen und Wirtschaft, 1958; Unternehmer und Gewerkschaften im Recht der USA, 1961; Grenzen der Tarifautonomie, 1964; Thesen der Energiepolitik, 1967; Mitbestimmung, Beitrag zur ordnungspolitischen Diskussion, 1972; Fortschritt in Freiheit, Umrisse einer politischen Strategie, 1974.«

Diese Angaben waren nicht sehr aufschlußreich. Zunächst ließen sie vermuten, daß es sich bei Professor Biedenkopf um einen stillen Gelehrten handelte, der im In- und Ausland fleißig studiert hatte, um dann eine steile Universitätskarriere einzuschlagen. In rascher Folge war er Privatdozent, Ordinarius und sogar Rektor der Bochumer Ruhruniversität geworden, daneben mit zahlreichen Buchveröffentlichungen hervorgetreten und in Stifterverbänden aktiv gewesen. Aber dann hatte ihn plötzlich die Politik in Beschlag genommen, und er war, sozusagen aus dem Stand, CDU-Generalsekretär geworden ...

Noch ein weiterer Umstand gab dem Leser der Kurzbiographie Rätsel auf, denn es fehlte darin selbst der kleinste Hinweis auf Herkunft, Schulzeit, Beruf des Vaters und dergleichen. Man konnte vermuten, daß da vielleicht ein schlichtes Proletarierkind aus Bescheidenheit oder falscher Scham seinen raschen Aufstieg ein wenig zu verschleiern trachtete.

Indessen war Professor Dr. Kurt H. Biedenkopf beileibe kein sozialer Aufsteiger, vielmehr der Sohn des Dipl. Ing. Wilhelm Biedenkopf aus Chemnitz, Jahrgang 1900, der bis zu seiner Pensionierung ordentliches Vorstandsmitglied einer Perle unter den zur Flick-Gruppe gehörenden Unternehmen, nämlich der »Dynamit-Nobel AG« in Troisdorf, gewesen war, zuvor technischer Direktor, vielfacher Aufsichts- und Beirat, während des Zweiten Weltkriegs auch ein - vom »Führer« besonders belobigter und belohnter - »Wehrwirtschaftsführer«. Ganz zufälligerweise war Vater Wilhelm Biedenkopf zuletzt auch Mitglied des Beirats jenes Unternehmens in Bergisch-Gladbach, das wesentlich zu den Gewinnen des »Pegulan«-Konzerns beigetragen hatte und an dem Frau Marianne Strauß, die Gattin des CSU-Chefs, von Konsul Dr. Ries hochherzigerweise mit zuletzt etwa 16 Prozent beteiligt worden war.

Ein weiterer Zufall: Sohn Kurt, der spätere CDU-Generalsekretär, war während eines beruflich bedingten Aufenthalts seines Vaters, als die BASF dessen Dienste in Anspruch genommen hatte, anno 1930 in Ludwigshafen/Rh. zur Welt gekommen, genau wie Helmut Kohl, und mit diesem hatte er auch gemeinsam die Volksschule besucht.

Dann aber hatten sich ihre Wege getrennt: Der aus unbemittelter Beamtenfamilie stammende Helmut Kohl mußte sich, wie wir bereits wissen, recht mühsam nach oben hangeln, und dabei spielte sein Förderer Dr. Ries eine wichtige Rolle; Kurt Biedenkopf hingegen hatte in den USA politische Wissenschaften, in München und Frankfurt Jura und Volkswirtschaft studiert, zum Doktor der Rechte und zum Master of Law promoviert, sich mit einer Arbeit über »Die Grenzen der Tarifautonomie« habilitiert (und damit zugleich die Aufmerksamkeit der Konzernherren und des Arbeitgeberverbands erregt) und war 1967 jüngster Rektor der Bundesrepublik in Bochum geworden. In den folgenden Jahren hatte er sich gesellschafts- und wirtschaftspolitisch zu profilieren begonnen. *»In seinem Bekenntnis zu einer funktionsfähigen Marktwirtschaft mit Wettbewerb und Privateigentum«,* schrieb damals »Der Spiegel« über ihn, *»läßt er sich von niemandem überbieten.«*

Weithin bekannt geworden war der Professor aber erst 1968, als ihn Bundeskanzler Kiesinger mit der Leitung einer Kommission beauftragte, die für die Bundesregierung die Frage der betrieblichen Mitbestimmung der Arbeitnehmer untersuchen sollte. Diese »Biedenkopf-Kommission«, wie sie dann genannt wurde, rang sich zwar zu einer Würdigung der gut funktionierenden paritätischen Mitbestimmung in der Montanindustrie durch, entschied sich aber gegen die Ausdehnung dieses Modells auf die gesamte Wirtschaft, wie es Gewerkschaften, SPD und CDU-Sozialausschüsse gefordert, die Unternehmer jedoch als »ruinös für die Wirtschaft« abgelehnt hatten. *»Seither gilt Biedenkopf«,* so damals »Der Spiegel«, *»den Gewerkschaften, aber auch den parteieigenen CDU-Sozialausschüssen als überzeugter Unternehmerfreund, der jede Demokratisierung der Wirtschaft zu bekämpfen suche.«* Umgekehrt fand nun einer der größten bundesdeutschen Konzerne, die Henkel-Gruppe, daß dieser so unternehmerfreundliche Professor genau der richtige Mann für sein Topmanagement sei. Anfang 1971 konnte Biedenkopf seine akademische Laufbahn vorerst beenden und Geschäftsführer der Henkel GmbH werden. Von diesem Kommandoposten des nicht nur im Waschmittelbereich führenden Chemie-Riesen, dessen Eigentümer als Großaktionäre des DEGUSSA-Konzerns und der NUKEM-Reaktorbau-Holding* beträchtlichen Einfluß auf die Wirtschaft und die Politik der Bundesrepublik ausüben, ließ sich Professor Biedenkopf zweieinhalb Jahre später weglocken und übernahm den Posten des Generalsekretärs der in die Opposition verbannten CDU.

Niemand, vermutlich nicht einmal Kurt Biedenkopf selbst, wird mit Bestimmtheit sagen können, wer oder was den Professor dazu bewogen hat, sich von der sicheren Kommandobrücke des Henkel-Konzerns in die Wogen der Politik zu stürzen. Verbürgt ist jedoch, daß Konsul Dr. Fritz Ries dem Wunsch seiner

---

* Die NUKEM GmbH in Hanau gehört zu 35 Prozent der DEGUSSA, deren Großaktionär die Familie Henkel (»Persil« usw.) ist. Die NUKEM GmbH ist ihrerseits mit 40 Prozent des Kapitals an der ALKEM GmbH, Hanau, beteiligt. Der Geschäftsführer dieser Brennelementefabrik, Dr. Alexander Warrikoff, seit 1963 CDU-Bundestagsabgeordneter, sowie vier weitere ALKEM-Manager wurden im Sommer 1986 von der Staatsanwaltschaft beschuldigt, »wesentliche technische Änderungen im Produktionsablauf ohne atomrechtliche Genehmigungsverfahren vorgenommen und damit die Sicherheit der Anlage verringert zu haben«.Für Warrikoff fanden sich dann andere Verwendungsmöglichkeiten: Geschäftsführendes Vorstandsmitglied des Wirtschaftsverbandes Kernbrennstoff-Kreislauf, Vorsitzender des Verwaltungsrates der NVD – Nukleare Versicherungsdienst GmbH, Bundesvorstandsmitglied des CDU-Wirtschaftsrates.

Gäste auf Schloß Pichlarn und inbesondere dem seines alten Freundes Hanns Martin Schleyer, doch einen »Intelligenzbolzen« zu finden, der bereit und imstande wäre, Helmut Kohls deutliche Mängel auszugleichen, sowie beide auf ihre gemeinsame Rolle »einzustimmen«, mit Eifer und Geschick nachgekommen ist.

Vom Herbst 1972 an organisierte Dr. Ries auf seiner steiermärkischen Besitzung sogenannte »Pichlarner Topmanager-Gipfeltreffen«, die sich bald großer Beliebtheit erfreuten. Denn die zur Ries-Besitzung gehörende Prominentenherberge »Schloßhotel Pichlarn« eignete sich vorzüglich dazu, das Angenehme mit dem Nützlichen zu verbinden.

Nützlich waren die Bekanntschaften, die man dort machen konnte, denn zu den Pichlarner Gästen gehörten Politiker, Industriekapitäne, Bankiers, Prälaten und Militärs; nützlich waren auch die Vorträge, die man dort hören konnte, und die anschließenden Diskussionen, und nützlich war schließlich auch die Möglichkeit, die Pichlarn bot, sich im Fitness-Zentrum, in der Schwimmhalle, beim Golfspiel, zu Pferde oder im Jagdrevier vom Streß des Alltags zu erholen und die überflüssigen Pfunde wegzutrimmen. Angenehm waren die schöne Umgebung, die gepflegte Gastronomie und nicht zuletzt die reizende Betreuung, teils durch attraktive Hostessen, teils durch die nicht minder liebenswürdigen Töchter des Hauses.

Kein Wunder also, daß auch Professor Kurt Biedenkopf gern der Einladung folgte, an solchen »Pichlarner Topmanager-Gipfeltreffen« teilzunehmen, und da er – wie man der steiermärkischen »Süd-Ost-Tagespost« damals entnehmen konnte – der mit Abstand »prominenteste ausländische Teilnehmer und Vortragende« dieser Veranstaltungen war, ist es leicht begreiflich, daß ihm die ganz besondere Fürsorge des Schloßherrn Dr. Ries und seiner bei diesen Treffen stets anwesenden Tochter Ingrid Kuhbier galt. Beide ließen es sich nicht nehmen, Professor Biedenkopf nicht nur als bloßen Dozenten, prominenten Teilnehmer der »Gipfeltreffen« und Hotelgast zu behandeln, sondern vielmehr als einen engen Freund der Familie.

In der Folgezeit – Kurt Biedenkopf war nun schon Generalsekretär der CDU geworden – vertieften sich diese Beziehungen noch. Man besuchte sich häufiger, man telefonierte viel miteinander, und für die Zeit nach der Bundestagswahl 1976 wurden in Pichlarn, Frankenthal und Bonn gewisse Überraschungen erwartet, die des rührigen Konsuls Ansehen und Einflußmöglichkeiten weiter vermehren würden.

Es dauerte jedoch bis 1980, die Wahlen des Herbstes 1976 brachten der von Helmut Kohl als Kanzlerkandidat, von Kurt Biedenkopf als CDU-Generalsekretär geführten Union nicht den erhofften Wahlsieg, und sowohl Konsul Dr. Ries als auch Hanns Martin Schleyer weilten schon nicht mehr unter den Lebenden, bis die Beziehungen Biedenkopfs zur Ries-Tochter Ingrid, nunmehr geschiedener Kuhbier, auch standesamtlich beurkundet wurden. Professor Biedenkopf, inzwischen ebenfalls geschieden von seiner Ehefrau Sabine, die ihm vier Kinder geboren hatte, heiratete also die mit ihm schon so lange befreundete Ries-Tochter (und Mitgesellschafterin von Frau Marianne Strauß bei der »Dyna-Plastik« und anderen »Pegulan«-Konzerntöchtern). In damaligen Ausgaben des Prominenten-Lexikons »Wer ist wer?« verschwieg Kurt Biedenkopf allerdings (und verschweigt noch immer), daß seine zweite Ehefrau ebenfalls geschieden und eine Tochter des verstorbenen Konsuls Dr. Ries ist. Dort lautete der auf eigenen Angaben beruhende Eintrag: »... verheiratet in 2. Ehe mit Ingrid geborener Kuhbier...«, wo es doch richtig heißen müßte: »... mit Ingrid geb. Ries gesch. Kuhbier...« Ob er sich nun seiner neuen familiären Beziehungen zu dem toten Industriellen schämte, der einen bedeutenden Teil seines Vermögens der Ausbeutung von Zwangsarbeitern in und um Auschwitz und Lodz zu verdanken hatte, oder ob es ihm für einen prominenten Christdemokraten unschicklich erschien, allzu viele Scheidungen bekannt werden zu lassen, bleibt Kurt Biedenkopfs Geheimnis.

Nach Auskunft des Testamentsvollstreckers des 1977 verstorbenen Konsuls Dr. Fritz Ries sind heute weder Frau Ingrid Biedenkopf geborene Ries oder deren Geschwister noch die Erben der tödlich verunglückten Frau Marianne Strauß am »Pegulan«-Konzern oder dessen Tochterfirmen beteiligt; die »Pegulan AG« gehört heute mehrheitlich der bundesdeutschen Holdinggesellschaft der British American Tobacco Co (BAT). Besagter

Testamentsvollstrecker ist übrigens der Münchener Fachanwalt für Steuerrecht, langjährige CSU-Bundestagsabgeordnete (seit 1969, ohne eigenen Wahlkreis, aber mit stets sicherem Listenplatz) und heutige GEMA-Chef Professor Dr. Reinhold Kreile (zeitweilig Mitglied des CSU-Parteivorstands und -Präsidiums), der bis zum Verkauf des bundesdeutschen Flick-Imperiums auch der Aufsichtsratsvorsitzende der Konzern-Holdinggesellschaft, der »Friedrich Flick Industrieverwaltung Kommanditgesellschaft auf Aktien« in Düsseldorf, war.

Und damit schließt sich nun der Kreis. Denn es war der Personalchef der Daimler-Benz AG (damaliger Hauptaktionär: Flick), zugleich BDI- und BDA-Präsident, Dr. Hanns Martin Schleyer, der seinen alten Freund und Bundesbruder, Konsul Dr. Fritz Ries, 1972, nach den vergeblichen Versuchen, Willy Brandt durch ein konstruktives Mißtrauensvotum zu stürzen, in die Pläne einweihte, wie der zweite Versuch einer »Wende« gestartet werden sollte:

Der glücklose Barzel mußte Kanzlerkandidatur und CDU-Parteivorsitz aufgeben, bekam zum Trost viel Geld, größtenteils von Flick, dazu das Großkreuz des Verdienstordens der Bundesrepublik (später auch noch einen Ministersessel und sogar das Amt des Bundestagspräsidenten – bis die Flick-Zahlungen ruchbar wurden und er zurücktreten mußte); statt Rainer Barzel sollte Helmut Kohl antreten, aber nicht allein, sondern auf dem »Tandem« mit Biedenkopf. Dabei war dem »Schwarzen Riesen« Kohl, von dessen Planungs- und Lenkfähigkeiten auch die Herren des Großen Geldes nicht so recht überzeugt waren, die Rolle des sich abstrampelnden und dabei immer fröhlich lächelnden Lieferanten der Antriebskraft zugedacht, hingegen dem unternehmerfreundlichen und konzernverbundenen »Intelligenzbolzen« Biedenkopf die Rolle des Strategen und Steuermanns.

Das »Tandem«-Team verfehlte aber 1976 das Wahlziel und zerstritt sich auf der Oppositionsbank bei gegenseitigen Schuldzuweisungen. Als Helmut Kohl 1982 im dritten Anlauf und wiederum durch ein – nun knapp gewonnenes – konstruktives Mißtrauensvotum Helmut Schmidt (SPD) stürzen und – endlich! – im Kanzleramt ablösen konnte, vollzog er, was er vollmundig eine »geistig-moralische Wende« nannte, ohne Biedenkopf – der von 1990 an als Gastprofessor in Leipzig die Studenten die Marktwirtschaft (und das Fürchten) lehrte und heute Ministerpräsident von Sachsen ist.

Die Erfinder und Bastler des »Tandems«, Ries und Schleyer, starben 1977. Den Nachlaß des Kohl-Entdeckers, Marianne Strauß-Partners und Biedenkopf-Schwiegervaters Ries (und auch den von Marianne Strauß, die tödlich verunglückte) aber regelte dann wieder der Ranghöchste im Flick-Aufsichtsrat – was die Frage aufwirft, ob es in deutschen Landen seit dem Ersten Weltkrieg überhaupt irgend etwas in Politik und Wirtschaft Bedeutsames gegeben hat oder gibt, worauf das Haus Flick nicht auf die eine oder andere Weise Einfluß genommen hat.

Flick – Musterbeispiel für den Mißbrauch wirtschaftlicher Macht

Natürlich sind sehr reiche Leute daran interessiert, daß die politischen Entscheidungen ihnen nicht schaden, sondern nützen, daß sie ihre Macht erhalten und ihren Profit mehren, beides nicht einschränken oder gar beseitigen. Deshalb versuchen sie, auf die politischen Entscheidungsprozesse Einfluß zu nehmen, teils indirekt, beispielsweise über die von ihnen beherrschten Medien, teils direkt und mit dem ihnen vertrautesten Mittel: mit viel Geld, das sie den Parteien und Politikern spenden, von denen sie sich die beste Vertretung ihrer eigenen Interessen versprechen.

Die Grenzen zwischen legitimer Interessenwahrung und mißbräuchlicher oder gar gesetzwidriger Ausübung wirtschaftlicher Macht sind fließend. Die moralische Beurteilung dessen, was noch als statthaft gelten kann und was nicht, wird in der Regel strenger ausfallen als die juristische Wertung, die an Gesetze gebunden ist, und diese werden ja von Politikern formuliert und beschlossen, die nicht nur gewählte Volksvertreter sind, sondern auch häufig den Einflüssen der wirtschaftlich Mächtigen unterliegen.

Dies vorausgeschickt, wollen wir uns nun mit einem Superreichen beschäftigen, der sechs Jahrzehnte lang starken Einfluß auf die deutsche Politik genommen hat. Er hat in der Politik stets nur ein Mittel zur Erhaltung der gesellschaftlichen Machtverhältnisse und zur Vergrößerung des eigenen Profits gesehen. Noch heute, über seinen Tod hinaus, beeinflußt das Geld, das er zu Lebzeiten in Politiker und Parteien investierte, in erheblichem Maße die Bonner Szene und von dort aus das gesamte politische Geschehen in Deutschland. Der Name dieses Superreichen, Friedrich Flick, ist zugleich zum Synonym für den Mißbrauch wirtschaftlicher Macht geworden.

Friedrich Flick kam 1883 in Ernsdorf bei Siegen als Holzhändlersohn zur Welt. Mit dem Zeugnis der mittleren Reife und dem Kaufmannsdiplom begann er 1906 als Prokurist der Bremer Hütte in Geisweid seine Karriere. 1913, gerade 30 Jahre alt, wurde er Direktor der »Eisenindustrie zu Menden und Schwerte«. 1915, im zweiten Jahr des Ersten Weltkriegs, wechselte der zwar wehrpflichtige und kerngesunde, 1,80 Meter lange Direktor Flick, der aber als »unabkömmlich« vom Militärdienst befreit war, in den Vorstand der Charlottenhütte zu Niederschelden und wurde 1917 deren Generaldirektor.

Mit eigenen Ersparnissen und Bankkrediten verschaffte er sich bis 1918 die Mehrheit der Anteile an der Charlottenhütte, die am Krieg glänzend verdient hatte. Er nutzte diese Gewinne zu Modernisierungen, zum Ankauf kleinerer Unternehmen sowie zur Anlage riesiger Reserven an Schrott, der im Kriege spottbillig zu haben war. Auch sparte er Steuern, indem er insgesamt 17 Millionen Mark Kriegsanleihe zeichnete. Genau zwei Tage vor Waffenstillstand, als jedem klar wurde, daß Deutschland den Krieg verloren hatte, verkaufte Flick die gesamte von seiner Charlottenhütte gezeichnete Kriegsanleihe, die dann wertlos wurde, zu noch günstigem Kurs und erwarb mit dem Erlös Aktien oberschlesischer Zechen. Er konnte also mit dem Verlauf des Ersten Weltkriegs, bei dem die meisten schwerste Opfer hatten bringen müssen, für sich persönlich sehr zufrieden sein.

In den folgenden Jahren der totalen Geldentwertung setzte Flick jede Mark, die er einnahm oder sich von den Banken noch borgen konnte, sofort in Sachwerte um, tilgte dann seine Schulden mit völlig wertlosem Bargeld, rückte aber die heißbegehrten, staatlich subventionierten Erzeugnisse seiner Betriebe nur noch gegen Devisen, Rohstoffe oder Aktien heraus. 1924, als die deutsche Inflation endete, zählte er zu deren großen Gewinnern. Er war 41 Jahre alt und bereits ein Industriemagnat mit einigen hundert Millionen Mark neuer, stabiler Währung und weitgestreutem Konzernbesitz.

1925/26 geriet die deutsche Stahlindustrie in eine Absatzkrise und mußte sich in Notgemeinschaften zusammenschließen. Der wichtigste Zusammenschluß war die »Vereinigte

Stahlwerke AG«, kurz »Stahlverein« genannt, zu dem sich Thyssen, Rheinstahl, Phoenix und auch Flick zusammenfanden. Für die Einbringung aller »Charlottenhütte«-Betriebe bekam Flick 20 Prozent der Stahlvereins-Aktien, und damit gehörte ihm genau ein Fünftel des neuen Konzerns, der seinerseits fast die Hälfte der gesamten Stahlerzeugung und rund ein Drittel der Kohleförderung des Deutschen Reiches beherrschte.

Noch erstaunlicher war, was folgte: Knapp vier Jahre später, mitten in der Weltwirtschaftskrise, die fast 10 Millionen Deutsche arbeitslos machte, gehörte Flick plötzlich die Mehrheit des »Stahlverein«-Kapitals, ohne daß er auch nur eine Mark zusätzlich investiert hätte! Er hatte sich dazu eines Tricks bedient, der im Grunde ganz simpel war:

Die Mehrheit der »Stahlverein«-Aktien war im Besitz der »Gelsenkirchener Bergwerks-AG« (»Gelsenberg«) gewesen. Wer »Gelsenberg« beherrschte, hatte damit auch den »Stahlverein« in der Tasche. Also verkaufte Flick heimlich seinen »Stahlverein«-Anteil und erwarb mit dem Erlös »Gelsenberg«-Aktien. Das reichte vollauf, sich die Kontrolle über »Gelsenberg« und damit über den ganzen »Stahlverein« zu verschaffen, und so hatte er plötzlich die beherrschende Stellung in der Montanindustrie und damit im gesamten Wirtschaftsleben des krisengeschüttelten Reiches.

Das war aber erst ein Zwischenziel seines Plans; der große Coup stand noch aus, der ihn in den Jahren des Elends und der Massenarbeitslosigkeit zum reichsten Mann Deutschlands machen sollte: Im November 1931 kam an den Börsen das Gerücht auf, der Crédit Lyonnais, die stärkste Bank Frankreichs, wolle sich die deutsche Not zunutze machen und mit einem Schlag die Kontrolle über die Industrie des Ruhrgebiets erobern – mit Hilfe der »Gelsenberg«-Mehrheit! »Gelsenberg«-Aktien wurden an den Börsen zu nur noch 20 Prozent des Nennwerts notiert, und die Franzosen sollten schon 100 Prozent geboten haben!

Diese Gerüchte, an denen kein wahres Wort war, alarmierten die Presse. Alle bürgerlichen Blätter forderten ein sofortiges Eingreifen der Reichsregierung, die auch eilig zu einer Sondersitzung zusammentrat und beschloß, den Ausverkauf des Ruhrgebiets um jeden Preis zu verhindern.

Zwar waren die Kassen leer, Renten, Beamtengehälter und Unterstützungssätze waren schon drastisch gekürzt worden. Aber dennoch - darin waren sich Regierung und Reichswehr-Generalität einig -, die Ruhrindustrie durfte nicht den Franzosen ausgeliefert werden! Also verhandelte Reichsfinanzminister Dr. Dietrich, ein Liberaler, mit Flick, und am Ende kaufte das arme Reich die »Gelsenberg«-Mehrheit zum Vierfachen des Kurses (aber immer noch unter dem Preis, den die Franzosen angeblich geboten hatten). Denn Flick wollte als guter Patriot erscheinen. Außerdem spendete er dem Finanzminister Dietrich und dem Kanzler Brüning (Katholisches Zentrum) zusammen rund eine Million Reichsmark für deren Wahlfonds.

Dazu ist etwas Grundsätzliches anzumerken, das noch heute gilt: Wenn ein Superreicher einem Politiker viel Geld »für Wahlkampfzwecke« spendet, dann ist es - so auch die Absicht des Spenders - dem Empfänger überlassen, was er damit macht: Er kann alles seiner Partei zukommen lassen, sich damit beliebt machen, Wahlplakate drucken und kleben lassen, Handgelder an Wahlhelfer verteilen - doch er kann auch die Summe für sich behalten und sein Gewissen - falls vorhanden - damit beruhigen, daß sein, des Spitzenkandidaten, persönliches Wohl letztlich auch dem Wahlkampf dient. Es empfiehlt sich dann, von erhaltenen 900 000 Mark zunächst 100 000 Mark dem Partei-Schatzmeister zu geben mit der Erklärung, dies sei eine Abschlagszahlung auf eine zu erwartende noch größere Summe. Später, wenn der Wahlkampf vorbei, die Parteikasse leer ist, kann er dem Schatzmeister noch etwas zukommen lassen und diesem raten, den genauen Gesamtbetrag zu vergessen und sich nur zu merken, daß es sich um eine sechsstellige Summe gehandelt habe, die der Parteiboß von einem edlen Spender »beschafft« und an die Parteikasse abgeführt hätte. Das eröffnet dem Schatzmeister ebenfalls Möglichkeiten, seine Zweifel und sein etwa vorhandenes Gewissen zu beruhigen. Alles, was der Spender der ursprünglichen Summe für sein Geld erwartet, ist die Erfüllung seiner Wünsche.

Bei der »Gelsenberg«-Transaktion von 1931 bekam Flick fast alles, was er wollte: das etwa Vierfache dessen, was sein Aktienpaket wert war, dazu zunächst den Ruhm, ungemein patriotisch gehandelt und auf den möglichen Mehrerlös in Paris verzichtet zu haben. Dieser Ruhm verflog jedoch, als durchsikkerte, daß es ein französisches Angebot gar nicht gegeben hatte. »Die einzig mögliche Antwort«, schrieb damals ein führender Wirtschaftsjournalist, »wäre gewesen, daß die Reichsregierung den Schachtelkonzern Charlottenhütte-Gelsenberg-Vereinigte Stahlwerke umgehend verstaatlicht hätte. Darüber hinaus hätte der vorliegende Tatbestand Anlaß genug geboten, Herrn Flick als Schädiger der Interessen des Deutschen Reiches zu enteignen...«

(Dieser Artikel stammte übrigens von dem konservativen Professor Friedrich Zimmermann, der schon damals das Pseudonym »Ferdinand Fried« benutzte, wie später als Leitartikler der Springer-Presse. Obwohl sich noch mancher Anlaß geboten hätte, forderte er nie wieder die Enteignung Flicks, was mit dessen Methoden der »Pressepflege« zusammenhängen mochte.)

Nachdem Friedrich Flick 1931 die Staatskasse um rund 100 Millionen Mark ärmer gemacht hatte, betätigte er sich als »Wirtschaftsführer«. Die ihm verbliebene Unternehmensgruppe wurde zum drittgrößten Stahlerzeuger Deutschlands (nach dem »Stahlverein« und Krupp) mit eigener Koks- und Kohlenbasis im Ruhrgebiet und knapp 100000 Beschäftigten. Auch trat Flick, kaum waren die Nazis an der Macht, dem exklusiven »Freundeskreis des Reichsführers SS« bei, pflegte dort Beziehungen zu den neuen Machthabern, besichtigte zusammen mit anderen Wirtschaftsbossen Ordensburgen und KZ-Lager und überwies alljährlich dem immer mächtiger werdenden »Reichsführer SS« Heinrich Himmler sechsstellige Beträge für dessen private Hobbies. Dies war sein bescheidener Dank für die vielen Vorteile, die die Nazis ihm und den anderen Bossen verschafften: die Zerschlagung der Gewerkschaften und Arbeiterparteien, das Verbot von Streiks, die Beseitigung der Tarifautonomie, die Festsetzung niedriger Löhne, die Einführung des »Führerprinzips« in der Industrie, wo es nur noch Befehl und Gehorsam gab, die Steuererleichterungen und Subventionen zur Förderung der heimischen Wirtschaft und nicht zuletzt die stürmische Nachfrage nach Stahl infolge der von den Nazis betriebenen Aufrüstung.

Von 1938 an konnte sich Flick auch an der »Arisierung« jüdischer Unternehmen in Deutschland, dann auch in Österreich und der Tschechoslowakei beteiligen, ja wurde mit Görings Hilfe zum größen »Arisierungs«gewinnler des »Dritten Reiches«! (Noch im Nürnberger Kriegsverbrecherprozeß lobte Göring Herrn Flick, sehr zu dessen Leidwesen, als »absolut vertrauenswürdig« und »sehr großzügig«.)

Insgesamt spendete Flick den obersten Nazis rund 7,5 Millionen Mark. Dafür bekam er »Arisierungs«möglichkeiten noch und noch, Arbeitssklaven für seine Hütten und Zechen zu Zigtausenden, gebot über das größte private Industrie-Imperium Mitteleuropas und wurde der Reichste im Großdeutschen Reich. »Niemand«, so lobte ihn damals das NS-Wochenblatt »Das Reich«, »hat die Ernennung zum Wehrwirtschaftsführer mehr verdient als Friedrich Flick.«

Allerdings traf Flick schon von 1943 an Vorkehrungen für den Fall einer deutschen Niederlage: Er kannte durch seinen konzerneigenen Nachrichtendienst die Pläne der Alliierten für eine Aufteilung Deutschlands, und etwa 16 Monate vor Kriegsende begann sein Konzern mit der heimlichen »Verlagerung« seiner wertvollsten Besitztümer von Osten nach Westen, vor allem in die künftige amerikanische Zone. Während der von Goebbels proklamierte »totale Krieg« noch andauerte und täglich mehr Opfer an Gut und Blut forderte, packten Flick und seine engsten Mitarbeiter bereits ihre Koffer und setzten sich von Berlin ab. Familie Flick (und mit ihr der Sandkastenfreund des jüngsten Sohns Friedrich Karl, Eberhard v. Brauchitsch) zog auf das Hofgut Sauersberg bei Bad Tölz, das als Ausweichquartier angekauft worden war, und dort erwartete Flick die Ankunft der Amerikaner.

Am 13. Juni 1945 wurde der Konzernherr, der weit oben auf der Kriegsverbrecherliste stand, verhaftet. Nach zweieinhalbjähriger Untersuchungshaft kam er vor das Nürnberger Militärtribunal, zusammen mit seinem Vetter und Vertrauten, Konrad Kaletsch, und dem Chef seines Nachrichtendienstes, Otto

Steinbrinck. Kaletsch wurde freigesprochen, Steinbrinck zu fünf, Flick zu sieben Jahren Gefängnis verurteilt – aber schon Mitte 1950 waren beide wieder frei. Flick hatte seinen 67. Geburtstag schon hinter sich, aber das Beste in seinem Industriellenleben sollte erst noch kommen.

Schon im Gefängnis hatte sich Flick mit Hilfe der Unterlagen, die ihm Vetter Kaletsch und sein Anwalt Dr. Wolfgang Pohle (später Schatzmeister der CSU) allwöchentlich brachten, Gedanken über den Wiederaufbau seines Konzerns gemacht, von dem im Westen einiges übriggeblieben war: der »Maxhütte«-Konzern in der Oberpfalz, die – ehedem »arisierten« – Hochofenwerke Lübeck AG sowie Mehrheitsbeteiligungen an der Harpener Bergbau AG und der Essener Steinkohlenbergwerks AG. Treuhänder und Verwalter dieser Reste war übrigens der Bankier Robert Pferdmenges, ein enger Freund und Berater Adenauers; und Flicks langjähriger Privatsekretär Robert Tillmanns saß seit 1949 als CDU-Bundestagsabgeordneter in Bonn, wenig später als Bundesminister für besondere Aufgaben im Kabinett – glückliche Umstände für den gerade haftentlassenen, fast 70jährigen Kriegsverbrecher!

Der hatte schon von der Gefängniszelle aus den Verkauf seiner Ruhrkohlen-Interessen eingeleitet, konnte sie sogleich günstig abstoßen und verfügte im Herbst 1950 über fast eine Viertelmilliarde DM an flüssigen Mitteln, mit denen er sich in zukunftsträchtige Industriezweige einkaufte, vor allem in die Automobil-, Maschinen-, Papier- und Kunststoff-Industrie.

Es würde Bände füllen, wollte man alle Transaktionen schildern, mit deren Hilfe Flick sein Nachkriegs-Imperium aufbaute. Am Ende seines Lebens gehörten ihm jedenfalls die Feldmühle AG, die Maximilianshütte, eine starke Mehrheit an der Buderus AG in Wetzlar, zu deren Konzern auch die Münchener Panzerschmiede Krauss-Maffei zählte, die Dynamit-Nobel AG in Troisdorf sowie ein dickes Paket Daimler-Benz (»Mercedes«)-Aktien, das Anfang der siebziger Jahre allein einen Wert von mehr als zwei Milliarden DM darstellte!

Schon 1958, nur acht Jahre nach Flicks Haftentlassung, hatte Bundeskanzler Adenauer ihm zum 75. Geburtstag und »zum großen und staunenswerten Lebenswerk« gratuliert. Tatsächlich konnte man nur staunen, was der durch fünfjährige Kriegsverbrecherhaft ungebrochene alte Herr in so kurzer Zeit wieder zusammengerafft und wie fest er sein Industriereich im Griff hatte. Dagegen war es schlecht bestellt um die Erbfolge: Mit seinen beiden Söhnen Otto-Ernst und Friedrich-Karl stand sich der autokratische Übervater miserabel. Erst sollte Otto-Ernst (»OE«) alles übernehmen; Friedrich-Karl (»FK«), vom Vater »das Bürschchen« genannt, sollte mit ein paar hundert Millionen abgefunden werden. Dann gab es Krach mit »OE«, mehrfache Änderungen des Testaments, jahrelange Prozesse, in denen Vater und Sohn, Großvater und Enkel, Brüder und Schwägerinnen vor den Gerichten stritten, was Hunderte von Millionen verschlang, schließlich einen Vergleich, durch den »OE«, hoch abgefunden, endgültig ausschied; seine beiden Söhne sollten, sobald sie 28 Jahre alt waren, ihre Beteiligungen am Konzern selbst vertreten (wurden aber später von ihrem Onkel »FK« abgefunden und ausgebootet). Übrig blieb als künftiger Alleinherrscher »das Bürschchen«, »FK«. Er erbte beim Tode des fast 90jährigen Vaters im Jahre 1972 das gesamte Flick-Imperium.

Zweifel an der Befähigung seines Jüngsten hatte Friedrich Flick stets gehabt und deshalb Eberhard v. Brauchitsch, »FKs« Jugendfreund, diesem als Generalbevollmächtigten an die Seite gestellt. Aber 1971, ein Jahr vor dem Tod des alten Flick, war es zum Krach zwischen den Freunden gekommen. Brauchitsch hatte ein Angebot von Axel Springer angenommen und war dessen Generalbevollmächtigter geworden. Ein Jahr später, vom Totenbett des Vaters aus, rief »FKF«, wie er nun genannt wurde, v. Brauchitsch zurück.

»In den frühen siebziger Jahren«, so »Der Spiegel«, »arbeiteten ›FKF‹ und ›v. B.‹ zunächst bestens zusammen. Nach dem Tod des Alten half v. B., die Alleinherrschaft des Sohnes abzusichern. Dann setzte das Duo zu seinem Herkules-Werk an: Um die Steuerbefreiung für die Daimler-Milliarden« – den Erlös des Verkaufs eines Teils von Flicks Daimler-Benz-Aktien – »durchzudrücken, mußte die traditionelle Spenden-Maschinerie des Hauses Flick auf höchste Touren gebracht werden ... Geld spielte keine Rolle. Die schwarze Kasse quoll über von jenen Millionen, die v. Brauchitsch über die katholische Steyler Mission dem Staat direkt abgeluchst hatte. Doch fehlte es dem Konzernchef und seinem Helfer auch nicht an herkömmlich verdientem Geld ... « Kein Wunder, denn auch nach dem Verkauf der Mehrzahl seiner Daimler-Aktien an einen Ölscheich war »FKF« noch mit zehn Prozent am Daimler-Konzern beteiligt; es gehörte ihm ein Drittel des US-Konzerns Grace; die Feldmühle AG samt riesigem Auslandsbesitz war 100prozentig in Flick-Eigentum, und er hielt weiterhin eine starke Mehrheit am Buderus-Konzern. An dessen Münchener Tochter Krauss-Maffei blieb Flick auch nach Verkauf der Waffenschmiede an MBB und den Diehl-Konzern mit zehn Prozent beteiligt, und schließlich war auch die Dynamit-Nobel AG zu fast 100 Prozent in Flick-Eigentum.

Was aber die laut »Spiegel« überquellende schwarze Kasse und die beim Auffüllen hilfreiche Steyler Mission betraf, so waren die Steuerfahnder Anfang 1982 einem abenteuerlichen Gegengeschäft auf die Spur gekommen: Ein Unternehmen, das die Finanzen der katholischen Steyler Mission verwaltet, die »Soverdia Gesellschaft für Gemeinwohl mbH«, hatte vom Haus Flick rund 10 Millionen DM an Spenden erhalten – auf den ersten Blick ein frommes Werk, wie man es von Flick gar nicht erwartet hätte. Doch bei näherem Hinsehen fanden die Fahnder heraus, daß Pater Josef Schröder, der »Soverdia«-Geschäftsführer, 80 Prozent der erhaltenen Summe gleich wieder an den Spender bar zurückgezahlt hatte!

Dazu damals »Der Spiegel«: »Flick-Chefbuchhalter Diehl erinnert sich: ›Etwa 1975/76 wurde ich erstmals von (dem damaligen Flick-Generalbevollmächtigten) Kaletsch angewiesen, von Herrn Pater Schröder Geld in Empfang zu nehmen. Es handelte sich um einen Betrag von 800 000 DM. Mir war damals klar, daß zwischen diesem Betrag und der vorher gegebenen Spende (von 1 000 000 DM) ein unmittelbarer Zusammenhang bestand. Im folgenden Jahr ereignete sich der gleiche Vorgang mit demselben Betrag ...‹ Insgesamt zehn Millionen Mark flossen ... innerhalb von zehn Jahren an die Soverdia, acht Millionen kamen wieder in Flicks schwarze Kasse zurück ... «

Zehn Prozent der Spendensumme durfte die Steyler Mission behalten, weitere zehn Prozent gingen an den damaligen CDU-Bundestagsabgeordneten Walter Löhr, der »die Sache« ausgetüftelt hatte. »Den besten Schnitt« – so »Der Spiegel« – »aber machte die Flick-Gruppe: Sie strich nicht nur die geheimen Rückflüsse in Höhe von 80 Prozent der Spenden ein (und konnte damit die schwarze Kasse füllen), sondern konnte auch Spendenbescheinigungen über 10 Millionen DM beim Finanzamt vorlegen. Die Steuervergünstigung betrug damals bis zu 51 Prozent der Spendensumme«, im Falle Flick also nochmals ein »Verdienst« von mehr als fünf Millionen DM.

Dennoch war diese krumme Spenden-Angelegenheit nur ein vergleichsweise unbedeutender Nebenaspekt des eigentlichen Skandals, des »Milliardendings«. Denn – so die Staatsanwälte – mit Unterstützung der zuständigen Bundesminister Friderichs und Graf Lambsdorff, gewiß aber unter Vorspiegelung falscher Tatsachen, erreichte die Flick-Gruppe zu Unrecht eine Steuerbefreiung in Höhe von 450 Millionen DM! Um 800 Millionen DM aus dem Verkauf von Daimler-Aktien steuerfrei in eine starke Beteiligung an dem US-Chemiekonzern Grace investieren zu können, gab sie dieses Geschäft, die Verschiebung der Riesensumme ins Ausland, als volkswirtschaftliche Großtat aus.

Zum Segen für die deutsche Wirtschaft, so behaupteten die Flick-Bosse treuherzig, verschaffe diese Geldanlage der BRD den ersehnten Zugang zu neuesten amerikanischen Technologien. »In Wahrheit« – so »Der Spiegel« – »passierte gar nichts. Grace-Präsident Peter Grace ... kehrte von einer Deutschland-Reise mit der Erkenntnis zurück, daß mit den neuen Eigentümern zwar ... Spesen zu machen wären, aber kein Technologietransfer.«

Der Bonner Staatsanwaltschaft, die in den Flick-Chefetagen über hundert Aktenordner beschlagnahmte, wurde bald auch klar, von wem viele der steuersparenden Ratschläge stammten, nämlich von einem alten Freund des Hauses Flick: Franz Josef Strauß. Aus dessen Vernehmungsprotokoll konnte »Der Spiegel« folgendes zitieren:

»... Ich (Franz Josef Strauß) habe, wie angegeben, Herrn Flick vor etwa acht Jahren geraten, in Nordamerika zu investieren. Ich habe ihm geraten, seine inländischen Betriebe zu entschulden und zu modernisieren. Ich habe in diesem Zusammenhang ihm einmal, wahrscheinlich im Jahre 1978, einen Brief geschrieben, in dem ich ihm geraten habe, die Voraussetzung des § 6b (Einkommensteuergesetz) und § 4 (Auslandsinvestitionsgesetz) sehr genau zu nehmen. Ich war damals der Meinung, daß für die Erfüllung der Kriterien unter anderem ein Kooperationsabkommen mit der Firma Grace die Prüfung der hiermit verbundenen steuerrechtlichen Frage erleichtern würde.«

Auf den Vorhalt des Staatsanwalts: »... Herr Ministerpräsident, wir haben Sie nunmehr davon in Kenntnis gesetzt, daß sich aus den im Jahre 1974 beginnenden Aufzeichnungen des Flick-Konzerns aus dem Hefter ›CSU‹, der sich im Gewahrsam der Staatsanwaltschaft befindet, folgende Vermerke ergeben:

›21. 4. (75)	Ka/vB wg FJS	200 000,-
12. 7. (76)	Dr. FKF wg FJS	250 000,-
11. 7. (78)	Dr. FKF wg FJS	250 000,-
24. 10. (79)	Dr. FKF wg FJS	250 000,-*‹

Können Sie dazu irgendeine Erklärung abgeben?«

Antwort von Ministerpräsident Strauß:

»1. Ich bin am Zustandekommen keiner dieser Unterlagen beteiligt.

2. Offensichtlich gibt es auch keine Quittungen, die ich selbstverständlich bei eventuellen Auszahlungen, wenn gewünscht, ausgestellt hätte, zumal steuerlich relevante Vorgänge offensichtlich überhaupt nicht zugrunde liegen.

3. Der Beginn Ihrer Unterlagen ist deshalb verwirrend oder irreführend, womit ich keine Absicht unterstelle, weil neben unzähligen Kleinspendern auch einige Großspender, darunter die Flick-Unternehmungen, die CSU immer wieder unterstützt haben. Ich darf nebenbei bemerken, daß es sich hier

* Gemeint sind offensichtlich mit »Ka« Konrad Kaletsch, mit »vB« Eberhard v. Brauchitsch, mit »Dr. FKF« Dr. Friedrich Karl Flick, mit »FJS« Franz Josef Strauß, damals bayerischer Ministerpräsident und CSU-Parteivorsitzender.

nicht um die Honorierung von Ratschlägen handelt, sondern um eine bestimmte politische Linie im In- und Ausland...«

Diese Aussage des inzwischen verstorbenen Franz Josef Strauß, der sich, wenn er Gefahr witterte, wie ein Tintenfisch einzunebeln pflegte, läßt – wenn man den Schwall von Phrasen und Schutzbehauptungen beiseite läßt – zweierlei deutlich erkennen:

Strauß konnte nicht bestreiten, von Flick viel Geld bekommen zu haben. Aber er wollte das nicht als »Honorierung von Ratschlägen« verstanden wissen, weil ihn dies in den Verdacht der Anstiftung oder Beihilfe zu Straftaten hätte bringen können. Statt dessen sollte es sich um eine »Unterstützung« einer – und zwar doch wohl seiner – »politischen Linie im In- und Ausland« gehandelt haben, wozu angemerkt sei, daß die ausländischen Politiker, mit denen Strauß enge Beziehungen unterhielt, meist Ultrarechte, Faschisten und Rassisten waren: Pinochet in Chile, dessen Regime er lobte; Südafrikas Apartheids-Fanatiker, spanische Neofaschisten und sogar die Führer der türkischen Grauen Wölfe, die für ihre Bluttaten berüchtigt waren.

Noch seltsamer als die Erklärung, die Strauß der Justiz für das viele Flick-Geld gab, das er erhalten hatte, war die Aussage von Dr. Friedrich Karl Flick im Prozeß gegen die Ex-Minister Friderichs und Graf Lambsdorff. Als der Richter den Zeugen Dr. Flick nach Wesen und Zweck der Spenden an »FJS« befragte, erwiderte dieser, von Spenden verstehe er nichts; er könne da »nur mutmaßen«.

Und das tat er dann auch. »Spenden«, so gab er zu Protokoll, »das war das berechtigte Anliegen, vor demokratischen Parteien – wie's auch beim Vater früher oder beim Onkel Kaletsch üblich gewesen sein mag – ein offenes Ohr zu finden.«

Aber, so wollte der Richter wissen, ob er nie daran gedacht habe, sich damit Vorteile für den eigenen Betrieb zu verschaffen?

Darauf Dr. Flick: »Diese Überlegungen sind mir unbekannt.«

Alsdann sollte dieser offenbar völlig selbstlose Spender dem Gericht erklären, wie denn so eine Spendenzahlung an einen

Spitzenpolitiker vor sich gegangen sei, zum Beispiel wenn Dr. Flick dem Ministerpräsidenten Strauß 250 Tausendmarkscheine überreicht habe.

Ausnahmsweise konnte Dr. Flick in diesem Fall mit einer klaren Antwort dienen: »Da ist er (Strauß) beim erstenmal ins Nebenzimmer gegangen und hat nachgezählt. Und dann ist er zurückgekommen und hat sich bedankt«.

Beim zweitenmal, so fügte er noch stolz hinzu, »hat er dann nicht mehr nachgezählt.«

Nun wollte der Richter auch noch wissen, warum das Haus Flick seine üppigen Spenden an Politiker stets in bar entrichtete.

Dr. Flick: »Meines Wissens hat sich das einfach so ergeben: Wenn man sich im süddeutschen Raum so begegnet ist, hat man das Geld der Einfachheit halber gleich übergeben.«

Kein Gedanke an die Möglichkeit einer Steuerhinterziehung, auch nicht an die Eventualität, daß vielleicht die Empfänger lieber Bargeld nahmen, »um« - so fragte der offenbar durchaus mit dem praktischen Leben vertraute Richter - »nicht immer Rechenschaft bei ihren Schatzmeistern ablegen zu müssen?« Flick wußte es nicht.

Er erklärte dem Gericht, daß er eigentlich von gar nichts gewußt habe, schon überhaupt nichts von den angedeuteten Möglichkeiten. Kurz, Multimilliardär Dr. Flick überzog mitunter - so »Der Spiegel« - »allzu erkennbar seine Rolle als Konzerndepp«. Übertroffen wurde er nur noch von einem seiner Großspenden-Empfänger, dessen Rolle vor Untersuchungsausschüssen, Justiz und Presse man analog die eines »Politdeppen« nennen müßte: Bundeskanzler Dr. Helmut Kohl.

Bei seiner Vernehmung durch die Bonner Staatsanwaltschaft am 5. Juli 1982 hatte Dr. Kohl, damals noch nicht Bundeskanzler, zugegeben, vom Haus Flick gelegentlich größere Bargeld-Spenden erhalten zu haben. Daß es insgesamt 565 000 DM gewesen waren, die Flick-Chefbuchhalter Diehl zwischen 1974 und 1980 exakt verbucht hatte, war Kohl indessen, wie er sagte, »völlig unbekannt«.

Befragt, was ihm denn »völlig unbekannt« gewesen sei: die Höhe der Summe oder die Verbuchung durch Diehl, erwiderte

Helmut Kohl pikiert, er könne »über Einzelheiten aus der Erinnerung keine Angaben machen«.

Indessen erinnerte er sich zwei Jahre später, am 7. November 1984, vor dem Flick-Untersuchungsausschuß des Bundestages genau daran, daß eine »kleinere« Flick-Spende, lumpige 30 000 DM, »bei uns nicht eingetroffen« sei – eine Zahlung, die der akribische Flick-Chefbuchhalter Diehl mit Datum vom 6. Dezember 1977 verbucht hatte.

Für diese »Nikolaus-Spende«, wie sie genannt wurde, gab es jedoch ganz besonders viele und starke Indizien: Am Nikolaus-Tag 1977 waren 60 000 DM von einem »inoffiziellen« Konto des Hauses Flick bei einer Düsseldorfer Filiale der Deutschen Bank bar abgehoben worden. Die Abbuchung bei der Bank und der Eintrag ins schwarze Kassenbuch bei Flick stimmten überein, und dazu paßte auch der Vermerk des pingelig genauen Chefbuchhalters vom 6. Dezember 1977: »vB wg Kohl 30 000 DM; vB wg Graf Lambsdorff 30 000 DM«, macht zusammen 60 000 DM. Parallel dazu hatte v. Brauchitsch am 6. Dezember 1977 den Erhalt eines Barbetrags von 60 000 DM korrekt quittiert, und auf der Rückseite der Quittung war vermerkt: »30 Ko 30 GrLa«, womit ja auch nur gemeint sein konnte, das Geld ginge je zur Hälfte an Helmut Kohl und an Otto Graf Lambsdorff.

Überdies trug der vorbildliche Flick-Chefbuchhalter ins Kassenbuch für »Inoffizielle Zahlungen« am 6. Dezember 1977 ein: »vB wg Kohl und Lambsdorff 60 000«, und man darf wohl annehmen, daß mit der Zahl keine roten Rosen, weißen Mäuse oder grünen Äpfel gemeint waren, sondern bare DMark.

Doch auch damit noch nicht genug: Am Vorabend des Nikolaus-Tages 1977, am 5. Dezember, hatte eine Brauchitsch-Sekretärin ihrem Chef folgende Notiz vorgelegt, die sich bei den Gerichtsakten befindet: »Frau Weber/ Sekr. Kohl fragt an, ob es Ihnen recht ist, wenn sie morgen, Dienstag, 6. 12., gegen 16 Uhr kurz bei Ihnen vorbeikommt«, und dazu hat Eberhard v. Brauchitsch im Dezember 1985 vor dem Bonner Landgericht ausgesagt: »Sie« – Frau Weber vom Sekretariat Kohl – »hat schon mal für Herrn Kohl Geld empfangen ... « – und dies, wie die Akten zeigen, nicht gerade selten: Mindestens vier Besuche

Frau Webers bei v. Brauchitsch sind vermerkt, die mit Zahlungen von je 50 000 DM und einer von 30 000 DM, alle »wg Kohl«, übereinstimmten.

Das für Helmut Kohl Ärgerliche ist, daß es für die meisten Flick-Spenden »wg Kohl« entsprechende Eingangsbuchungen bei der CDU-Schatzmeisterei gibt, nicht jedoch für die »Nikolaus-Spende« und auch nicht für weitere 25 000 DM, die ebenfalls fehlen. Schließlich fehlt inzwischen noch etwas, nämlich Helmut Kohls Erinnerung an die Geldwaschanlagen von Rheinland-Pfalz, die die von der Industrie kommenden, sehr großzügigen Parteispenden am Finanzamt vorbei (und für die Spender enorm steuersparend) in die richtigen Tröge lenkten, Pater Josef von der Steyler Mission konnte ja nur einen Teil des enormen Bedarfs an »gewaschenem« Geld befriedigen, mit dem die Herren des Großen Geldes, allen voran das Haus Flick, die »geistig-moralische Wende« in Bonn vorfinanzierten.

Helmut Kohl, seit 1966 Landesvorsitzender der CDU, seit 1969 auch Ministerpräsident in Rheinland-Pfalz und seit 1975 Bundesvorsitzender der CDU, die neben CSU und FDP von dem Spenden-Unwesen am meisten profitiert hatte, erinnerte sich als Kanzler an rein gar nichts mehr, überhaupt nicht an die Geldwaschanlagen in Rheinland-Pfalz. Kohl hatte, als es um vergleichsweise Bagatellen ging – die 30 000 DM der »Nikolaus-Spende« und die ebenfalls fehlenden 25 000 DM von Flick –, alles vergessen. Allenfalls fielen ihm, wenn die Staatsanwälte nach der »Staatsbürgerlichen Vereinigung« (SV) in Koblenz fragten, die lustigen Abende ein, die er dort nach Vorträgen mitunter verbracht hatte. Kohl hatte aber »keinerlei Erinnerung« daran, daß diese Koblenzer SV die wichtigste Geldsammel- und -waschanlage nicht nur für Rheinland-Pfalz, sondern für die ganze Bundesrepublik gewesen war und daß man in Koblenz auch deshalb feucht-fröhlich gefeiert hatte, weil dank der »besonderen Förderungswürdigkeit«, die der »gemeinnützigen« SV von der Landesregierung bescheinigt worden war, seiner CDU etliche hundert Millionen DM heimlicher Spenden der Industrie steuerbegünstigt zugeflossen waren.

Vielleicht hatte Helmut Kohl – so vermutete sein damaliger Schnelldenker und Wahlkampf-Manager, der von ihm inzwischen gefeuerte Heiner Geißler etwas vorlaut - bei seinen Aussagen über die »SV« aber auch nur Erinnerungslücken und gab irrige und unvollständige Antworten als Opfer eines »Blackout«. Diese von dem klugen, von Kohl ungnädig entlassenen Generalsekretär Heiner Geißler erwogene Möglichkeit, daß dem Kanzler mitunter, wenn auch nur vorübergehend, der Verstand abhanden komme, sollten die Wählerinnen und Wähler bedenken, denn ein Regierungschef mit gelegentlichen Ausfallerscheinungen ist keine angenehme Vorstellung für die Menschen in »diesem unserem Lande«.

Indessen gibt es für Helmut Kohls Vergeßlichkeit hinsichtlich des Verbleibs der »Nikolaus-Spende« oder auch der Machenschaften der Koblenzer »SV« noch eine andere Erklärung als die von Geißler vermuteten Gedächtnislücken infolge eines Blackouts. Um Kohls Zögern zu verstehen, darüber die Wahrheit zu sagen, muß man noch einmal zurück zu den Ursprüngen der steilen Karriere des Schwarzen Riesen - nach Ludwigshafen-Oggersheim und nach Frankenthal.

Die seltsamen Vorspiele der »geistig-moralischen Wende«

Im Frühjahr 1933, als sich die Hitler-Diktatur gerade etabliert hatte und mit immer neuen Wellen des Terrors zu konsolidieren begann, bereiteten sich drei Heidelberger Juristen gerade auf ihre unterschiedlichen Karrieren vor: Dr. Eberhard Taubert sah seiner Berufung ins neue Reichspropagandaministerium entgegen, wo er als jüngster Ministerialrat zunächst die »Aktivpropaganda gegen die Juden« leiten sollte; SS-Führer Dr. Hanns Martin Schleyer nahm die »Gleichschaltung« der Heidelberger Universität vor und betrieb ihre Einstimmung auf die am 10. Mai durchgeführte Bücherverbrennung; sein Freund Dr. Fritz Ries, der an diesem Akt der Barbarei als junger Doktorand teilnahm, schmiedete bereits Pläne, wie er auf Kosten der Juden rasch reich werden und zunächst zum Kondom-König des »Dritten Reiches« aufsteigen könnte; tatsächlich ließ er schon ein Jahr später die Verpackungen der Erzeugnisse eines gerade »übernommenen« Betriebs mit dem stolzen Aufdruck versehen: *»Miguin-Kondome – jetzt arisch!«*

Im selben Frühjahr 1933, am 13. März, kam im nahen Mannheim ein Knabe zur Welt, dessen spektakuläre Laufbahn sich mit den abenteuerlichen Karrieren der drei genannten Heidelberger Juristen durchaus messen kann. Auch kreuzten sich seine Wege wiederholt mit denen der Herren Doktoren Ries, Schleyer und Taubert und fast unvermeidlicherweise auch mit denen Helmut Kohls, der drei Jahre zuvor, 1930, im Mannheim gegenüberliegenden Ludwigshafen geboren war.

Der junge Mannheimer des Jahrgangs 1933 hieß Hans-Otto Scholl, besuchte – wie Kohl und auch Biedenkopf – die Schule in Ludwigshafen, studierte dann ebenfalls in Heidelberg Rechtswissenschaft und begann auch, kaum daß er sein Studium beendet hatte, Anfang der sechziger Jahre eine politische Karriere in Rheinland-Pfalz. Allerdings stellte Dr. Hans-Otto Scholl seine unbestreitbaren Talente nicht der CDU zur Verfügung, sondern der in Rheinland-Pfalz seit 1951 mit der CDU zusammen die Regierung bildenden FDP, daneben dem Bundesverband der pharmazeutischen Industrie, dessen Hauptgeschäftsführer er wurde. Daß sich die mächtige Pharma-Industrie der Bundesrepublik den jungen Rechtsanwalt und Provinzpolitiker Dr. Scholl zum Cheflobbyisten erkor, hing mit den besonderen Verhältnissen in Rheinland-Pfalz zusammen, wo Dr. Scholl in kürzester Zeit zum FDP-Fraktionsvorsitzenden im Landtag und dann auch zum Landesvorsitzenden aufsteigen konnte und eng befreundet war mit dem CDU-Nachwuchspolitiker Dr. Kohl, der 1963 ebenfalls Fraktions- und 1965 auch Landesvorsitzender seiner Partei wurde. So eng war das Verhältnis Dr. Scholl zum Dr. Kohl, daß die beiden sogar Villa an Villa wohnten, der eine in der Marbacher Straße 9, der andere in Nummer 11, und die beiden Matadore der das Ländchen Rheinland-Pfalz regierenden Parteien machten sich gegenseitig auch mit ihren finanzstarken Gönnern und mit deren einflußreichen Freunden bekannt: Durch Helmut Kohl lernte Hans-Otto Scholl den Konsul Dr. Fritz Ries im nahen Frankenthal kennen und in dessen Haus die Duzfreunde des Hausherrn, Dr. Hanns Martin Schleyer und Franz Josef Strauß sowie die graubraune Eminenz Dr. Eberhard Taubert; umgekehrt wurde Helmut Kohl durch Dr. Scholl mit allen großen und steinreichen Unternehmern der Pharma-Industrie bekannt, von denen im einzelnen noch die Rede sein wird.

Es läßt sich heute nicht mehr mit Sicherheit feststellen, wer aus diesem Freundes- und Bekanntenkreis den Einfall hatte, im Schutze der mit gesicherter Mehrheit das Land Rheinland-Pfalz regierenden Parteien eine Geldwaschanlage zu etablieren, aber vieles spricht dafür, daß es Dr. Fritz Ries gewesen ist und daß Kohl im Bunde mit Scholl die Idee in die Tat umsetze.

Die Grundidee war einfach: Die Industriellen wollten eine ihnen genehme Politik und Gesetzgebung, die dazu bereiten Politiker wollten dafür Geld. Die Wirtschaftsbosse waren zwar willens, für volle Kassen zu sorgen, nur sollte sie das möglichst wenig kosten, sondern zu Lasten der Allgemeinheit gehen. Nun gab es ja bereits Gesetze, die Spenden an Parteien steuerabzugsfähig machten. Aber es gab da Höchstgrenzen, und die

Politiker wollten weit mehr, als die Bestimmungen zuließen, und außerdem war bei regelrechten Parteispenden die Anonymität der Spender nicht zu wahren, die begreiflicherweise gern unbekannt bleiben wollten. Also brauchte man eine Einrichtung, die jede Menge Geld entgegennehmen, dafür voll steuerabzugsfähige Quittungen ausstellen und die empfangenen Beträge diskret an diejenigen weiterleiten konnte, die sie letztlich bekommen sollten, weil sie die Entscheidungen trafen oder herbeiführten, die die Spender sich erhofften.

Alle diese Voraussetzungen erfüllte die dann ins Leben gerufene »Staatsbürgerliche Vereinigung« (SV) in Koblenz, und natürlich bekam diese SV nicht nur sofort die staatliche Anerkennung als »gemeinnützig und besonders förderungswürdig«, sondern wurde auch so ausgestattet, daß sie ihre Gönner und Förderer aufs trefflichste bewirten konnte, zumal nachdem einer der Gründerväter, Helmut Kohl, Ministerpräsident von Rheinland-Pfalz geworden war und sein Spezi, Nachbar und Koalitionspartner Dr. Scholl als Landesfürst der - zum Zünglein an der Waage gewordenen - FDP für Dr. Ries, Dr. Schleyer und deren Freunde an Bedeutung enorm hinzugewonnen hatte.

In Bonn war nämlich im Herbst 1969 erstmals seit Bestehen der Bundesrepublik ein Sozialdemokrat im Kanzleramt. In Koalition mit der FDP regierte nun Willy Brandt. Konsul Dr. Ries war von den besorgten Herren des Großen Geldes beauftragt worden, die FDP-Politiker »umzustimmen« und die ungeliebte neue Regierung bei nächster Gelegenheit zu stürzen.

Für Dr. Scholl gab es zudem eine spezielle Aufgabe: Zum Regierungsprogramm der sozialliberalen Bonner Koalition gehörte im Rahmen der Gesundheitsreform auch eine gründliche Novellierung der Arzneimittelgesetzgebung, und dies tangierte die wichtigsten Interessen (sprich: die enormen Profite) der Pharma-Industrie, deren Verbandshauptgeschäftsführer er war.

Von der Pharma-Industrie wurden deshalb hohe Millionenbeträge bereitgestellt, die Dr. Scholl, nachdem sie bei der »SV« in Koblenz »gewaschen« und steuerabzugsfähig gemacht worden waren, gezielt zu verteilen hatte. Es ging darum, diejenigen Politiker und auch Beamten zu »fördern«, die Einfluß auf die Arzneimittelgesetzgebung und die Gesundheitspolitik hatten.

In der Bundesrepublik wurden zu Beginn der Aktivitäten des Dr. Scholl jährlich etwa acht Milliarden DM für Arzneimittel ausgegeben. Als seine Tätigkeit Anfang der achtziger Jahre endete, waren es jährlich rund 17 Milliarden DM, also mehr als das Doppelte. »Fast die Hälfte dieser gigantischen Steigerung, die alle Bundesbürger belastet, hätte« - so »Der Spiegel« im Juni 1985 - »sich einsparen lassen«, wären damals nicht die Kernpunkte der geplanten Reform der Arzneimittelgesetzgebung »von der Pillen-Lobby herausgeschossen« worden.

Die vom damaligen Pharmaverbands-Hauptgeschäftsführer Dr. Scholl mit sehr viel Geld betriebene Beeinflussung des Gesetzgebungsverfahrens hat sich für die Arzneimittelhersteller also glänzend gelohnt. Sie lohnte sich aber auch für Dr. Scholls Freunde von der CDU:

So hatte CDU-Schatzmeister Walther Leisler Kiep »zugleich im Namen von Herrn Dr. Kohl und Herrn Professor Biedenkopf« runde 70 000 DM kassiert - von Curt Engelhorn, Chef des Familienunternehmens »Boehringer Mannheim GmbH« (damaliger Pharma-Umsatz: 1,2 Milliarden DM), und zwar über Dr. Scholl und die »SV«. Der CDU/CSU-Fraktionsvorsitzende Alfred Dregger hatte - so die Staatsanwaltschaft - »einige hunderttausend Mark abkassiert« - bei der »Wella AG« in Darmstadt und ebenfalls über Dr. Scholl und die »SV«. Vom Pharma-Werk E. Merck in Darmstadt erhielt die CDU-Prominenz rund eine Million DM, und wären die Spendenlisten, zumal deren wichtigste Teile, nicht durch besondere Umstände dem Einblick der Öffentlichkeit entzogen worden, ließen sich gewiß noch weitere, zusammen mehr als 20 Millionen DM nachweisen, die Dr. Scholl an CDU- und FDP-Prominenz, zumal an seine engsten Spezis, großzügig verteilt hat.

Indessen war Dr. Scholl mit dem Pharma-Spendengeld mitunter allzu großzügig, zumal sich selbst gegenüber. Als der Verbandsvorstand dies bemerkte, wurde Dr. Scholl »wegen zu eigenmächtigen Umgangs mit dem Verbandsvermögen« gefeuert und mußte sich verpflichten, dem Verband 1,6 Millionen

DM zurückzuerstatten. Erstaunlicherweise erhielt Dr. Scholl aber dennoch nach seiner Entlassung eine monatliche Pension vom Pharma-Verband in Höhe von 5700 DM – »Schweigegeld?« fragte »Der Spiegel« damals, und solche Vermutung erscheint nicht ganz abwegig, zumal im Lichte späterer Erkenntnisse.

Noch erstaunlicher war es, daß der gefeuerte Verbandsgeschäftsführer, der 1981 auch als FDP-Landesvorsitzender zurücktreten mußte, wenig später im Mainzer Landtag von den Freidemokraten wieder zum Fraktionsvorsitzenden gewählt wurde. Aber bei den Neuwahlen vom März 1983 kam die FDP mit nur noch 3,5 Prozent der Wählerstimmen nicht mehr in den Mainzer Landtag. Dr. Scholl war damit auch als Politiker arbeitslos, brauchte aber nicht zu darben: Als ehemaliger Abgeordneter bezog er ein Übergangsgeld von monatlich 5 400 DM, mit seiner Pension vom Pharmaverband also zusammen 11 100 DM im Monat.

Indessen sah er sich selbst – und dann sahen ihn auch seine politischen Freunde – als dringend unterstützungsbedürftig an. CDU-Ministerpräsident Bernhard Vogel, damals noch nicht in Thüringen, sondern in Rheinland-Pfalz, Kohl-Nachfolger und ebenfalls Empfänger beträchtlicher Pharma-Spenden aus der Hand des Dr. Scholl, besorgte dem nun arbeitslosen Freund deshalb einen – mit 5000 DM monatlich honorierten – Beratervertrag bei der »Deutschen Anlagen-Leasing« (DAL) in Mainz, an der die rheinpfälzische Landesbank erheblich beteiligt ist. Aber auch mit den auf 16 100 DM monatlich gestiegenen Bezügen war Dr. Scholl noch nicht zufrieden. Er wandte sich hilfesuchend an seinen langjährigen Freund und Nachbarn Helmut Kohl, seit 1982 Bundeskanzler in Bonn.

Klugerweise – so stellt es jedenfalls ein mit der Angelegenheit bestens vertrauter Bonner Beamter dar – wählte Dr. Scholl einen privaten Weg, dem Kanzler seine Not zu schildern. Über jene Frau Juliane Weber, die wir schon flüchtig kennengelernt haben aus den Notizen des Flick-Bevollmächtigten Eberhard v. Brauchitsch, und zwar als Abholerin der offenbar verlorengegangenen »Nikolaus-Spende« von 30 000 DM »wg Kohl«, ließ er Helmut Kohl wissen, daß nun er es sei, der finanzielle Unterstützung benötige.

Ob nun Frau Weber ein gutes Wort für den Freund aus Mainzer Tagen eingelegt hat oder ob Kohl aus eigenem Antrieb tätig wurde: Jedenfalls setzte sich der Bundeskanzler sofort und in einer Weise für Dr. Scholl ein, daß bei dem Kohl nahestehenden und treuergebenen Beamten die Befürchtung aufkam, der Kanzler könnte erpreßbar sein. Denn dieser verschaffte dem längst nicht mehr in bestem Ruf stehenden Duzfreund, den er 1982 noch mit dem Bundesverdienstkreuz Erster Klasse ausgezeichnet hatte, unverzüglich einen Beratervertrag bei der Deutschen Lufthansa (an der der Bund mit mehr als 50 Prozent beteiligt ist). Dadurch erhöhten sich Dr. Scholls feste Bezüge um weitere 10 000 DM Monatsgehalt sowie 5000 DM monatliche »Aufwandsentschädigung« auf nunmehr insgesamt 31 100 DM.

Die Befürchtungen des um Kohl besorgten Beamten waren jedoch sicherlich unbegründet. Kohl hat sich wohl lediglich dem Spezi Dr. Scholl, der ihm und seiner Partei jahrelang finanziell so überaus behilflich gewesen war, »geistig-moralisch« verpflichtet gefühlt. Auch konnte Helmut Kohl ja nicht ahnen, daß ihn der Freund herb enttäuschen würde.

Gut ein Jahr nachdem Dr. Scholls Bezüge dank des Kanzlers Fürsorge auf über 31 000 DM monatlich erhöht worden waren, ereignete sich ein auf den ersten Blick ganz gewöhnlicher Raubüberfall: Am 28. Dezember 1984 drang ein bewaffneter Mann in ein Baden-Badener Juweliergeschäft ein und entkam, nachdem er die Anwesenden bedroht und den Inhaber niedergeschlagen hatte, mit einer Beute im Verkaufswert von 2,6 Millionen DM. Bei der Fahndung nach den geraubten Juwelen fand die Polizei in einem Bankschließfach in Zürich nicht nur einen Teil des fehlenden Schmucks, sondern auch eine Menge Papiere, die Einblick gaben in die Spendenpraxis der bundesdeutschen Pharma-Industrie. Damit war klar, daß der bereits gefaßte Verdächtige tatsächlich der Räuber von Baden-Baden war: Rechtsanwalt Dr. Scholl, der zwei Jahrzehnte lang führende FDP-Politiker von Rheinland-Pfalz und ehemalige Hauptgeschäftsführer des Pharma-Verbands, ein Intimus des amtierenden Bundeskanzlers!

Lassen wir diese für Helmut Kohl schockierende Angelegenheit damit ihr Bewenden haben; Dr. Scholls Motive hatten mit

Politik nichts zu tun, und er hat seine Freiheitsstrafe längst verbüßt.

Allerdings hätte sich Helmut Kohl schon früher darüber im klaren sein müssen, daß großzügige Geldspender nicht völlig selbstlos handeln. Lange vor dem ersten Händedruck mit dem damaligen Pharma-Lobby-Häuptling Dr. Scholl hätte Kohl wissen müssen: Wenn steinreiche Industrielle dicke Geldbündel verteilen oder durch ihre Beauftragten verteilen lassen, so ist dies im allgemeinen kein Ausdruck uneigennütziger Nächstenliebe. Vielmehr erwarten die Spender in aller Regel Gegendienste, die ihnen ein Vielfaches dessen einbringen, was sie gespendet haben, und dabei verlangen sie mitunter von den Beschenkten sogar Ungesetzliches, ja schlimmer noch: Sie fordern eine Änderung der Gesetze und Vorschriften zu ihren Gunsten und zum großen Schaden für die Allgemeinheit oder vereiteln – wie es der Pharma-Industrie mit Hilfe der von Dr. Scholl verteilten Millionen gelang – ein dringend gebotenes Reformwerk.

Helmut Kohls Verhalten gegenüber Spendenverteilern, ob sie Dr. Scholl oder v. Brauchitsch, Flick, Henkel oder Oetker heißen, setzt ihn dem Verdacht aus, daß er den von ihm geschworenen Eid, »Schaden abzuwenden und den Nutzen zu mehren«, nicht auf das deutsche Volk bezieht, wie es die Eidesformel fordert, sondern nur auf einen winzigen Teil dieses Volkes, nämlich auf die spendablen Herren des Großen Geldes sowie auf sich selbst und einige wenige Personen, die ihm nahestehen.

Das Ganze wird noch erheblich verschlimmert durch ein Benehmen Helmut Kohls im privaten Umgang mit den Repräsentanten des Großen Geldes, das seinen Wählerinnen und Wählern, wenn sie davon erfahren, die Schamröte ins Gesicht treiben müßte. Nehmen wir als Beispiel einen scheinbar nebensächlichen, im Untersuchungsausschuß des Bundestages zur Flick-Spendenaffäre aktenkundig gewordenen Vorgang:

Da rief Kanzler Kohl eines Tages bei Eberhard v. Brauchitsch an, dem Flick-Generalbevollmächtigten, der seinem Konzern etliche Hundert Millionen Mark fälliger Steuern sparen will und dafür mit Bargeldbündeln den stets bedürftigen Politikern gefällig ist. Zweck des Anrufs ist die Mitteilung des Bundeskanzlers: »Du, hör mal, Eberhard, ich komme morgen abend bei euch vorbei... Ich würde gern mal wieder anständig Kaviar essen...«

Natürlich ging v. Brauchitsch sofort auf diesen Wunsch seines Duzfreundes ein, der sich bei nur knapp 40000 DM Monatsgehalt sein – neben Saumagen – liebstes Essen offenbar nicht leisten konnte oder wollte. Aber damit nicht genug: Ein paar Tage später wieder ein Anruf bei v. Brauchitsch, diesmal von Frau Hannelore Kohl aus Oggersheim: »Du weißt doch, Eberhard, wie gern ich Kaviar esse – aber den gibt's bei euch ja nur, wenn ich nicht dabei bin...«

»Und was macht man dann als guterzogener Mensch? Als ich das nächste Mal mit Herrn Kohl zusammen war«, so berichtete Herr v. Brauchitsch, »da habe ich ihm eine Dose Kaviar mitgegeben: Den möchte er doch bitte mit Frau Gemahlin essen...«

Auch damit noch nicht genug, denn die Schilderung des Flick-Repräsentanten geht weiter:

»Nach einer gewissen Zeit gibt es wieder ein Telefonat zwischen Frau Kohl und mir.« Bei dieser Gelegenheit fragte v. Brauchitsch: »Du hättest eigentlich was sagen können – wie war denn der Kaviar?« Darauf Hannelore Kohl: »Kaviar? Ich habe keinen gekriegt! Du kennst doch den Helmut. Der hat ihn mit in seine Wohnung in Bonn genommen und ihn selber aufgegessen...«

Woraufhin der wohlerzogene v. Brauchitsch das Haus Flick abermals in Unkosten stürzte – das halbe Kilo Kaviar kostete seinerzeit 560 DM – und seinen Fahrer beauftragte, der Kanzlergattin rasch eine Dose vom Feinsten nach Ludwigshafen-Oggersheim zu bringen. »... Mit einen dreizeiligen Begleitbrief: ›Damit die russische Marmelade wirklich in Deine Hände kommt – anbei direkt – herzliche Grüße...‹«

Übrigens, der Untersuchungsausschuß und damit auch die Presse und die Öffentlichkeit hätten von alledem wohl nie etwas erfahren, wäre im Privatsekretariat des Flick-Beauftragten eine kurze Danksagung für die erwiesene Aufmerksamkeit eingegangen. Da diese ausblieb, wurden die – sonst längst vernichteten – Kopien und Belege säuberlich abgeheftet, und die Staatsanwälte, die den Vorgang für strafrechtlich relevant hielten, beschlagnahmten die Akte...

Der Vorfall, der ein Schlaglicht auf den miserablen Stil wirft, der im Hause Kohl die Arroganz der Macht begleitet, ist indessen nur ein typisches Beispiel für die Dreistigkeit, mit der sich dieser Politiker und die Seinen über alle Normen gesitteten Zusammenlebens hinwegsetzen, von der ständigen Mißachtung der Gesetze und Vorschriften durch den amtierenden Kanzler ganz zu schweigen.

Zum besseren Verständnis sei hier noch aus der Fülle der Skandale, die für die bisherige Amtszeit des Kanzlers Kohl kennzeichnend waren, einer herausgegriffen, der ganz zu Anfang stand:

Am 11. Januar 1983, also nur wenige Wochen nach Genschers Betrug am Wähler und dem konstruktiven Mißtrauensvotum, durch das Helmut Schmidt (SPD) gestürzt und Helmut Kohl (CDU) Bundeskanzler wurde, drangen Beamte der Bundesanwaltschaft und des Bundeskriminalamts in die Redaktionsräume der Hamburger Monatszeitschrift »konkret« ein. Sie durchsuchten alle Büros und dann auch die Privatwohnungen des damaligen Chefredakteurs Manfred Bissinger und des »konkret«-Autors Jürgen Saupe – angeblich wegen des dringenden Verdachts der »Preisgabe von Staatsgeheimnissen«. Sie wiesen eine besondere Ermächtigung des Bundeskanzleramts vor, unterschrieben von Kohls Schulfreund, engem Vertrauten und damaligen Staatssekretär für die Geheimdienste, Waldemar Schreckenberger.

Dies ließ darauf schließen, daß Kohl selbst oder seine nächste Umgebung die spektakuläre Aktion veranlaßt hatte, denn üblicherweise ist es der Generalbundesanwalt, der seine Behörde und die Beamten des BKA tätig werden läßt. Tatsächlich wurden aber die Durchsuchungen bei »konkret« von der Bundesanwaltschaft eilig zur »Routineangelegenheit« heruntergespielt und der Presse gegenüber begründet mit einer mehr als ein Jahr zurückliegenden »konkret«-Veröffentlichung über den früheren BND-Spitzenfunktionär Hans Langemann, eine zwielichtige Gestalt, die unter Franz Josef Strauß zum Chef der bayerischen Staatsschutzdienste avanciert und später gefeuert worden war, teils wegen Unfähigkeit und Geschwätzigkeit, teils wegen des Sicherheitsrisikos, das sein Privatleben bot.

Indessen lag der Verdacht sehr nahe, daß es sich in Wahrheit nicht um diese weit zurückliegende Veröffentlichung handelte, sondern um einen erst gerade erschienenen »konkret«-Artikel und einen damit zusammenhängenden privaten Racheakt Helmut Kohls. In der Ausgabe vom Januar 1983 hatte Chefredakteur Manfred Bissinger den Kanzler in einem Artikel scharf angegriffen, und es hieß darin: »Wie ein Mann seine Familie behandelt und über die Familie spricht, kann im Gegensatz nicht krasser sein als bei Helmut Kohl. Seine Worte sind scheinheilig und verlogen, wenn man weiß, wie er lebt...«

Gemeint war das Privatleben des Kanzlers im Bereich Ehe und Familie, den Lieblingsthemen des salbadernden Volksredners Kohl. »Ich spreche so leidenschaftlich zu diesem Thema«, hatte er gerade erst getönt, »weil für mich ganz klar ist, daß die immer wieder notwendige geistig-moralische Erneuerung unseres Landes eben nur dann kommen kann, wenn die Jungen ihr Beispiel zu Hause erfahren... und eingeübt werden in die Tugenden unseres Landes am Beispiel der eigenen Eltern, in der Wärme und Geborgenheit der eigenen Familie.« Doch als Helmut Kohl von Mainz nach Bonn umgezogen war, hatte er seine Frau Hannelore und seine beiden Söhne im Oggersheimer Bungalow zurückgelassen. Seine Sekretärin Juliane Weber aber war mit ihm umgezogen, nicht nur ins Bonner Büro, sondern auch in sein neues Haus in Bonn-Pech. Am 14. Oktober 1982, zwei Wochen nach Kohls Einzug ins Bundeskanzleramt, hatte »BILD« aus der »geheimnisvollen Welt der neuen Nr. 1«, der Kanzlergattin Hannelore Kohl gemeldet: Sie »kam nach Bonn selten, übernachtet hat sie dort so gut wie nie«.

»In Bonn ist es ein offenes Geheimnis«, hatte Bissinger in »konkret« über das Verhältnis Kohls mit seiner Sekretärin geschrieben. »Die Journalisten kennen nicht nur Juliane Weber (die übrigens auch verheiratet ist)«, sie wissen auch, wie Kohl zu ihr steht. »Die Wahrheit schreiben will keiner... Das höchste der Gefühle ist mal ein Scherz für Insider. Der ›Spiegel‹ über Juliane Weber: ›Sie schlägt ihm auch die Eier auf, weil der Kanzler sie so heiß nicht anfassen mag.‹ Normalerweise würde man darüber zur Tagesordnung übergehen.«

Soweit die wesentlichen Stellen aus dem für Helmut Kohl und seine Gefährtin so ärgerlichen »konkret«-Artikel, der gewiß nicht geschrieben - und bestimmt nicht hier zitiert - worden wäre, hätte Kohl nicht selbst dafür gesorgt, daß man über seine Intimsphäre eben *nicht* taktvoll schweigen kann!

Der Kanzler selbst hat aus seiner privaten eine öffentliche Angelegenheit gemacht, denn zum erstenmal seit Bestehen der Bundesrepublik, ja - wenn man die Hitler-Diktatur ausnimmt - in der ganzen neueren deutschen Geschichte hat ein Kanzler die Finanzierung seines Verhältnisses nicht aus eigener Tasche vorgenommen, sondern sie dreist dem Steuerzahler aufgebürdet! Damit nicht genug, Helmut Kohl hat seiner Juliane Weber, die für ihn, wie wir bereits wissen, auch öfters das von der Industrie gespendete Bargeld kassieren darf, auch eine Pfründe verschafft, die ihr nicht zusteht. Gegen das Beamtenrecht und gegen die Einwände des Personalrats, der darauf hinwies, daß Frau Weber sogar die in den Richtlinien vorgeschriebene Oberschul- und Universitätsbildung fehle, ganz zu schweigen vom Staatsexamen, wurde die Kanzler-Gefährtin mit den Bezügen eines Regierungsdirektors als persönliche Referentin eingestellt, weil Kohl das »einzigartige« Vertrauensverhältnis geltend machte, das zwischen ihm und Juliane Weber bestehe, und sich damit durchsetzte.

Erst diese von Kohl eingeführte »Mätressenwirtschaft« (wie Beamte des Kanzleramts seinen Regierungsstil nennen, der es Frau Weber gestattet, mit der einleitenden, keinen Widerspruch duldenden Formel »Der Kanzler wünscht...« ihre eigenen Forderungen durchzusetzen) hat »konkret« dazu veranlaßt, die Öffentlichkeit darüber zu informieren.

Kohl selbst informierte die Öffentlichkeit auf seine Weise. In derselben Woche, in der das Kanzleramt die Haussuchungen bei »konkret« vornehmen ließ, verkündete er vollmundig: »Es gilt für uns der Satz: Eine gesunde Familie ist die Voraussetzung eines gesunden Staates, und Staatspolitik muß sich täglich an diesen Satz erinnern...«

Ein paar Tage später bemühten sich Kanzlergehilfen, die Bonner Journalisten davon zu überzeugen, daß die Aktion gegen »konkret« nichts zu tun gehabt hätte mit der dort veröffentlichten Geschichte über die zur Regierungdirektorin ernannte Kanzler-Gefährtin. Denn diese Veröffentlichung hätte ja Kohl und Frau Weber noch gar nicht zur Kenntnis gelangt sein können, weil sie im Januar-Heft stand; der Durchsuchungsbefehl aber sei bereits am 29. Dezember 1982 unterzeichnet worden! Die Wahrheit hingegen ist, daß »konkret« wegen der Feiertage seine Januar-Ausgabe bereits am 21. Dezember ausgeliefert hatte. So war also Zeit genug gewesen, etwaige Rachegelüste reifen zu lassen und dann auch zu stillen.

Indessen ist der Vorfall samt seinem skandalösen Hintergrund, der Einsetzung der »einzigartigen« Gefährtin als Direktorin ins Kanzleramt, nur ein weiteres Beispiel für den miserablen Stil des Politikers Helmut Kohl, der ständig von »geistig-moralischer Erneuerung« redet, sich aber nicht scheut, den Superreichen Steuergeschenke in Milliardenhöhe auf Kosten der Allgemeinheit, vor allem der Lohnsteuerpflichtigen, zu machen und dafür bei den Herren des Großen Geldes abzukassieren. Bleibt noch zu fragen, welche unsittlichen Forderungen, außer den bereits genannten speziellen Wünschen des Hauses Flick und denen der Pharma-Industrie, die Konzerngewaltigen an Helmut Kohl und dessen Regierung noch gestellt haben und inwieweit diese Forderungen bereits erfüllt worden sind. Denn natürlich wollen die milliardenschweren Herren für ihre hohen Spenden, auch wenn diese Beträge durch Schwindeleien und Steuerhinterziehung ergaunert worden sind, die gewünschten Resultate sehen.

Aber mit den vom Großen Geld erhofften Ergebnissen kann die Regierung Kohl in reichem Maße aufwarten. Ihre Bilanz nach zwölf Jahren »Wende«politik ist für die Superreichen der Bundesrepublik so zufriedenstellend, daß sie sich vergnügt die Hände reiben können.

Sehen wir uns an, wie Kohl sich ihnen gleich in seinen ersten Regierungsjahren nützlich gemacht hat.

Warum das Großkapital Helmut Kohl finanziert und was es dafür gleich von ihm bekommen hat

An nichts wird so glänzend verdient wie am Rüstungsgeschäft. Viele der größten Vermögen der Bundesrepublik im Megamillionen- und Multimilliardenbereich stammen aus Kriegsgewinnen, aus Waffenlieferungen ins Ausland, vor allem aber aus Aufträgen der Bundeswehr. Die Erben von Harald und Herbert Quandt – geschätztes Vermögen: zusammen 7,3 Milliarden DM –, der Flick-Erbe Dr. Friedrich Karl Flick und seine Neffen – zusammen mindestens 5,6 Milliarden DM schwer –, Familie v. Siemens – 3,7 Milliarden DM –, die Röchling-Erben – etwa 3,3 Milliarden – oder, um aus der Fülle der möglichen Beispiele noch einen weiteren Krösus zu nennen, Karl Diehl, der auf Munition, Zünder, Panzerketten und Kanonen spezialisiert ist und auf 1,9 Milliarden DM Vermögen geschätzt wird – sie und viele andere verdanken ihr vieles Geld großenteils dem gewaltigen Rüstungsbedarf, nicht zuletzt dem der Bundeswehr.

Um so erschrockener müssen die Konzernherren gewesen sein, als Kanzler Kohl, kaum daß er trickreich in sein Amt gehievt worden war, mit der Parole in den Bundestagswahlkampf 1983 zog: *»Frieden schaffen mit immer weniger Waffen!«*

Indessen beruhigten sich die Rüstungsmagnaten sehr rasch, als sie merkten, daß Kohl ihnen nur eins seiner demagogischen Kunststückchen vorführte. Die damaligen Meinungsumfragen hatten erbracht, daß die überwältigende Mehrheit der Bevölkerung nichts sehnlicher wünschte als einen sicheren Frieden durch eine massive Abrüstung in Ost und West. Fast 80 Prozent der Befragten sympathisierten mit der Friedensbewegung, bejahten deren Ziele und bekundeten ihr Vertrauen zu Gorbatschow und die Glaubwürdigkeit seiner Vorschläge zur Beilegung des Ost-West-Konflikts und zur stufenweisen Abrüstung.

Angesichts dieser breiten Zustimmung der Bundesbürger zu den Bemühungen, den Rüstungswahnsinn zu beenden, hatte sich Helmut Kohl veranlaßt gesehen, ganz ungeniert mit dem Versprechen auf Stimmenfang zu gehen, ebenfalls für Abrüstung zu sorgen.

Doch er tat das Gegenteil:

Die Rüstungsausgaben der Bundesrepublik stiegen unter Helmut Kohls Kanzlerschaft kontinuierlich weiter. 1983 betrugen sie 46751 Millionen DM, 1986 überschritten sie erstmals die 50-Milliarden-Grenze, und 1990 erreichten sie mit mehr als 54 Milliarden DM den höchsten Stand in Friedenszeiten, den es in der deutschen Geschichte je gegeben hat!

Obwohl von einer tatsächlichen Bedrohung nicht mehr die Rede sein und spätestens seit der Jahreswende 1989/90 niemand mehr daran zweifeln kann, daß Abrüstung das Gebot der Stunde ist und keinesfalls weiter aufgerüstet werden darf, sah der Haushaltsentwurf der Kohl-Regierung für 1991 abermals rund 50 Milliarden DM vor. Die scheinbare Verminderung um etwa zwei Prozent beruht zudem auf einem Rechentrick: Die Personalverstärkungsmittel wurden aus dem Wehr- in den Finanzetat übertragen. Trotz Verringerung der Bundeswehr-Truppenstärke um fast ein Drittel sind die Verteidigungsausgaben bis heute nur wenig unter die 50-Milliarden-DM-Grenze gesunken.

Diese gigantische Vergeudung von öffentlichen Mitteln gehört zur Strategie der Regierung Kohl, die das Ziel hat, das Volksvermögen umzuverteilen – zu Lasten fast aller Bürgerinnen und Bürger und zum Nutzen der wenigen Superreichen; denn wenn Großunternehmen Hunderte von Millionen Mark investieren, wie sie es taten, als sie zwei Jahrzehnte lang sehr viel Geld in die Kassen von CDU, CSU und FDP sowie in die Taschen führender Politiker fließen ließen, dann wollen sie für ihr Geld natürlich auch Gegenleistung erbracht sehen, die die hohen Ausgaben nachträglich überreichlich lohnen.

Neben den Sonderwünschen einzelner Großunternehmer – beispielsweise Flicks Wunsch nach Befreiung von allen Steuerzahlungen für sein »Milliardending«, die ihm dann ja auch gewährt wurde – oder einzelner Branchen – wie etwa die ebenfalls gelungene Abwehr vernünftiger Sparmaßnahmen im Arzneimittelbereich durch die Pharma-Industrie – haben alle großen Bosse unseres Landes auch einige gemeinsame Wünsche: Sie wollen mehr Profit, egal ob durch steuerliche Entlastung oder durch Befreiung von lästigen, weil hohe Kosten verursachenden Auflagen, etwa im Umwelt- oder Arbeitsschutzbereich, ob durch Senkung ihrer Lohn- und Lohnnebenkosten oder durch hohe Subventionen.

Es gibt noch vieles, was den Profit kräftig steigert, und am liebsten ist es den großen Bossen, wenn ihnen die Regierung alles auf einmal und in möglichst reichem Maße beschert. Die CDU/CSU/FDP-Regierung hat sich seit 1983 die größte Mühe gegeben, den Konzernen nur ja alles recht zu machen. Das ist freilich immer mit einem Problem verbunden: Wenn man so viel zugunsten von wenigen Superreichen tut, geht dies leider zu Lasten der breiten Mehrheit. Da die Regierung aber, wenn sie über den nächsten Wahltag hinaus am Ruder bleiben will (und nach dem Willen ihrer Geldgeber aus der Konzernwelt auch soll), eine Mehrheit der Wählerstimmen benötigt, muß sie das Kunststück fertigbringen, sich all denen überzeugend als Wohltäterin anzupreisen, die sie zugunsten des Großen Geldes benachteiligt und geschädigt hat. Ihr Spezialist für diese schwierige Aufgabe heißt Dr. Norbert Blüm, langjähriger Vorsitzender der CDU-Sozialausschüsse, auch Mitglied einer DGB-Gewerkschaft, seit 1983 Bundesminister für Arbeit (was aber wohl nur eine irreführende Abkürzung ist, denn tatsächlich fungiert Dr. Blüm als Minister für Arbeit*geberinteressen*). »Den Opfern des Sozialabbaus in ihrer Sprache zu antworten, ihnen die staatlichen Maßnahmen *mit ihren eigenen Worten* als Wohltat zu verkaufen – diesen Trick beherrscht kaum ein anderer Politiker so sicher und vertrauenerweckend wie Norbert Blüm«, heißt es in der hervorragenden Studie von Hans Uske, »Die Sprache der Wende«, über diesen mit Roßtäuschermethoden arbeitenden Demagogen, der den Abbau der Sozialleistungen mit der Notwendigkeit rechtfertigt, den Staat vor Verschuldung zu bewahren, und zwar folgendermaßen:

»Dafür brauche ich gar keine volkswirtschaftlichen Theorien. Das entspricht auch dem Lebensgefühl der Arbeiterfamilie. Die Arbeiterfamilie hat nie auf Pump gelebt. Sie hat immer gewußt: Man kann nicht mehr essen, als auf dem Tisch steht; und ein Staat kann nicht mehr ausgeben, als er einnimmt. Das entspricht dem Lebensgefühl der Arbeitnehmer.« So Dr. Blüm im Bundestag am 18. Dezember 1983 zur Begründung der damals eingeleiteten Regierungspolitik, die dann nicht nur systematisch Sozialleistungen kürzte und Arbeitnehmerrechte einschränkte, sondern zugleich die Staatsschulden mehr als verdoppelte.

»Der Staat«, merkt Hans Uske treffend an, »ist natürlich keine Arbeiterfamilie, und Staatsschulden sind nicht mit einem Überziehungskredit zu vergleichen. Aber nehmen wir mal an, ›der Staat‹ sei tatsächlich in so tiefer Not wie eine Arbeiterfamilie. Wieso nimmt Blüm dann den armen Familienmitgliedern Geld weg, um es dem reichen Onkel als Steuergeschenk in den Rachen zu werfen? Wenn er uns schon alle zu einer riesigen Arbeiterfamilie macht, wäre es klar, daß uns die Wohlhabenden aus der Patsche helfen müßten. In richtigen Arbeiterfamilien gehört das zum guten Benehmen ...«

In derselben Bundestagsrede vom 8. Dezember 1983 gab sich Dr. Blüm sogar noch ein bißchen proletarischer:

»Die Zinsen der staatlichen Schuldenpolitik bekommen nicht die Rentenempfänger, die Sozialhilfeempfänger, sondern diejenigen, die dem Staat das Geld leihen konnten«, erklärte er, mehr für das Fernsehpublikum, das seine Rabulistik in der »Tagesschau« serviert bekam, als für seine wenigen Zuhörer im Bundestag. »Das sind nicht die armen Leute, das sind die Ölscheichs, die Banken und die Besserverdienenden. Schulden abbauen ist soziale Politik!«

»Ist das nicht klassenkämpferisch«, heißt es dazu in dem bissigen Kommentar von Hans Uske, »wie Kollege Blüm hier gegen Ölscheichs, Banken und Besserverdienende vorgeht? In Wirklichkeit benutzt er ein paar proletarische Reizworte, um den Klassenkampf von oben – den er selbst mit vorantreibt – sprachlich in einen angeblichen Kampf gegen Ölscheichs und Banken zu verwandeln. Seine Arbeitersprache setzt Blüm ein, wie es ihm gerade paßt.«

Denn bei anderer Gelegenheit kann er genauso geschickt die – angeblich faulenzenden – Sozialhilfeempfänger, die er eben noch als »arme Leute« für seine Scheinargumentation benutzt hat, in Parasiten und »Ausbeuter« verwandeln und folgendermaßen - in seinem Buch »Die Arbeit geht weiter«, München 1983, Seite 9 - verunglimpfen:

»Aber ist es nicht eine moderne Form der Ausbeutung, sich unter den Palmen Balis in der Hängematte zu sonnen, alternativ vor sich hin zu leben im Wissen, daß eine Sozialhilfe, von Arbeitergroschen finanziert, im Notfall für Lebensunterhalt zur Verfügung steht?«

Dazu noch einmal der Kommentar von Hans Uske: »Wie andere Politiker stützt sich Blüm auf schon vorhandene Vorurteile gegen ›Drückeberger‹. Blüms Spezialität ist jedoch der Appell ans Klassenbewußtsein ...: ›Ausbeutung‹? Machen die Unternehmer, muß der Arbeiter gegen kämpfen. ›Arbeitergroschen‹? Sind sauer verdient, wollen die Reichen wegnehmen, muß man verteidigen. ›Unter den Palmen Balis?‹ Da liegen die Playboys am Strand, sonnen sich Ausbeuter von sauer verdienten Arbeitergroschen. Während er so die Opfer seines Sozialabbaus denunziert, hofft Blüm auf Applaus von Arbeitern - was besonders makaber ist, da die ja selbst zu seinen Opfern gehören.«

Norbert Blüm geht sogar noch einen Schritt weiter: Im Sommer 1986 ließ sein Ministerium verbreiten, von einem Sozialabbau könne überhaupt nicht die Rede sein - im Gegenteil: Die Sozial*ausgaben* hätten vielmehr seit der »Wende« eine kräftige Steigerung erfahren! Und tatsächlich: Wenn man, wie es ein zu dieser dreisten Behauptung geliefertes Schaubild tat, alle Ausgaben im Gesundheitswesen, vor allem die - von der »Pillenlobby« unter vormaliger Führung des späteren Juwelenräubers Dr. Scholl herbeigeführte - Kostenexplosion bei Arzneimitteln hinzurechnete, ebenso die den Gemeinden aufgebürdeten Sozialhilfe-Lasten, dann hatten sich allerdings schon in diesen ersten Jahren der Regierungstätigkeit von Kohl und Blüm die Sozialausgaben drastisch erhöht - nur waren die Leistungen, auf die der oder die einzelne Anspruch hatten, keineswegs gestiegen, sondern hatten sich real vermindert. Kräftig vermehrt hatten sich hingegen die Profite, beispielsweise die der Pharma-Industrie, aber auch die Honorareinnahmen etwa bei den Zahnärzten.

Tatsächlich haben zwölf Jahre Kohlscher »Wende«politik Millionen in die Armut getrieben, dafür die Reichen noch um vieles reicher gemacht.

Begünstigt durch die bis Anfang der neunziger Jahre anhaltende Hochkonjunktur sind die Unternehmergewinne und Vermögensrenditen explosionsartig gestiegen, aber gleichzeitig hat die Kohl-Regierung den Großverdienern immer neue Steuergeschenke gemacht. Das hat diese aber nicht davon abgehalten, in steigendem Maße Steuern zu hinterziehen. Wie der wegen Beihilfe zur Steuerhinterziehung rechtskräftig verurteilte Ex-Bundeswirtschaftsminister und inzwischen Ex-FDP-Vorsitzende Otto Graf Lambsdorff dazu bemerkt hat, befindet er sich mit diesem Delikt »in allerfeinster Gesellschaft«. In der Tat: Steuerhinterziehungen großen Stils und Kapitalflucht ins Ausland werden nicht von Otto Normalverbraucher, nicht von Lohnsteuerpflichtigen und auch nicht von kleinen und mittleren Beamten, Rentnern, Arbeitslosen oder Sozialhilfeempfängern begangen.

Was die beiden letzten großen Gruppen der Bevölkerung betrifft, so haben Kanzler Kohl und sein Arbeitsminister Blüm zur Verminderung der Arbeitslosigkeit und Armut bislang nur eines getan: unermüdlich eine Verschönerung der Statistik betrieben. Schon mit der 7. Novelle zum Arbeitsförderungsgesetz wurde die Möglichkeit geschaffen, rund 100 000 Arbeitslose zwischen 50 und 59 Jahren endgültig aus der Statistik verschwinden zu lassen, ebenso rund 40 000 arbeitslose Frauen. Eine statistische Absenkung der Arbeitslosenquote kam später auf folgende Weise zustande: Man setzte die Arbeitslosen nicht mehr ins Verhältnis zu den abhängig Beschäftigten, sondern zu allen Erwerbspersonen. Das führte dazu, daß sich die Arbeitslosenquote von einem Tag auf den anderen um fast einen Prozentpunkt verringerte, ohne daß ein einziger Arbeitsloser Arbeit bekommen hätte.

Doch solche Methoden genügten nicht, um das – so Kohl – leidige Thema »Arbeitslosigkeit« zu »entschärfen«. Deshalb dachte sich die Leiterin des Allensbacher Instituts für Demoskopie, Frau Professor Noelle-Neumann, etwas Neues aus. Kohls Hof-Demoskopin machte dem Kanzer schon 1986 den

Vorschlag, im Hinblick auf die Bundestagswahlen vom Januar 1987 »den Block der Arbeitslosen aufzuteilen«. Rund 700 000 Arbeitslose sollten »als Alkoholiker, Drogensüchtige, soziale Aussteiger« oder schlicht als »freiwillig arbeitslos« diffamiert und – zumindest auf dem Papier – von der erschreckenden Gesamtzahl in Abzug gebracht, der immer noch gewaltige Rest unterteilt werden in »Alleinernährer, Arbeitslose in Haushalten, in denen es einen zweiten Hauptverdiener gibt, und Arbeitslose, die Nebenverdiener sind«.

Frau Noelle-Neumann hat damals der Bundesregierung geraten, diese Zahlenakrobatik nicht selbst vorzunehmen. Ein solches Rechenkunststück, »das vor der heißen Phase des Wahlkampfes abgeschlossen werden soll«, müßte »aus privater Initiative« in Auftrag gegeben werden, wie es dann auch geschah. Arbeitgeberverbände, Konzerne und »andere private Geldgeber« beauftragten die Allensbacher tatsächlich mit der Durchführung dieses Roßtäuschertricks. »Wir werden die Arbeitslosigkeit einigermaßen wegerklären«, versicherte dazu im Sommer 1986 ein Allensbach-Mitarbeiter. »Leicht wird das nicht gerade sein, aber es wird hoffentlich reichen, der Bundesregierung im Wahlkampf über die Runden zu helfen ...«

Diese und andere Täuschungsmanöver, die seitdem in reichem Maße angewendet worden sind, änderten natürlich nicht das geringste am tatsächlichen Ausmaß der Dauermassenarbeitslosigkeit, die sich nicht verringerte, sondern vergrößerte. Doch vor allem, wenn Wahlen anstanden, war es der Kohl-Regierung jedesmal besonders wichtig, den Wählerinnen und Wählern Sand in die Augen zu streuen, damit ihnen das Ausmaß, vor allem aber die Gründe der Arbeitslosigkeit nicht deutlich werden. Sie sollen nicht merken, warum wohl Arbeitgeberverbände, Konzerne »und andere private Geldgeber« daran interessiert sind, daß Millionen Menschen ohne festen Arbeitsplatz bleiben und dafür auch noch diffamiert und mit Verachtung bestraft werden. Mit der Massenarbeitslosigkeit wird nämlich die Voraussetzung geschaffen, Löhne und Gehälter im unteren Bereich zu drücken und die Beschäftigten zu »freiwilligem« Verzicht auf wohlerworbene Ansprüche und hart erkämpfte Rechte zu bewegen. Durch die Diffamierung der »Freigestellten« sollen die Solidarität mit den Arbeitslosen untergraben und die Ängste der noch Beschäftigten vor Entlassung und sozialem Abstieg geschürt werden.

»Je mehr Arbeitslose wir haben und je schlechter es ihnen geht, desto besser wird die Arbeitsmoral, desto weniger drükken uns die Lohnkosten!« Diese Grundregel der großen Bosse stellte der Größte von ihnen, Friedrich Flick, bereits 1931, während der Weltwirtschaftskrise, auf einer Aktionärsversammlung in Düsseldorf auf, und an der Gültigkeit dieser Regel und ihrer immer rigoroseren Anwendung hat sich bis heute nichts geändert.

Am schlechtesten dran sind jene jugendlichen Arbeitslosen ohne Ausbildung, denen Kanzler Kohl vollmundig »für jeden und jede eine Lehrstelle« versprochen hat (woran er aber nicht mehr erinnert werden möchte). Um der Statistik willen werden männliche Dauerarbeitslose im wehrpflichtigen Alter zu kurzen Übungen einberufen; die Unterbrechung genügt, sie aus der Rubrik »Dauerarbeitslose« verschwinden zu lassen.

Auch das sogenannte Beschäftigungsförderungsgesetz der Regierung Kohl brachte, gerade für junge Leute, drastische Verschlechterungen: Zur Freude der Bosse fördert das Gesetz das Heuern und Feuern und erlaubt ohne sachliche Begründung befristete Arbeitsverträge bis zu 18monatiger Dauer. Außerdem wurde die zulässige Dauer der ohnehin höchst bedenklichen, ausbeuterischen Leiharbeit verlängert.

Mit dem 1985 ausgerechnet zum 1. Mai in Kraft getretenen Gesetz wurde der Kündigungsschutz durchlöchert. Höchst umstrittene, von den Gewerkschaften bekämpfte Formen der Teilzeitarbeit wurden gesetzlich verankert: sowohl die Arbeitsplatzteilung, das sogenannte »Job-sharing«, als auch die »kapazitätsorientierte variable Arbeitszeit« (KAPOVAZ). Die Jugendschutzbestimmungen wurden eingeschränkt; die erlaubte Schichtzeit auf Bau- und Montagestellen wurde für Jugendliche auf elf Stunden verlängert, der Arbeitsbeginn von sieben auf sechs Uhr vorverlegt, in Bäckereien sogar auf vier Uhr!

Das Beschäftigungsförderungsgesetz, das entgegen seinem verheißungsvollen Namen nicht zur Schaffung von Arbeitsplätzen beitrug, sondern im Gegenteil zu verstärkter Ausbeutung von Arbeitskraft führte, wurde ergänzt durch etliche Novellen zum Arbeitsförderungesgesetz (AFG). Dieses aus den sechziger Jahren stammende Gesetz hatte ursprünglich den Zweck, daß die Bundesanstalt für Arbeit nicht bloß diejenigen finanziell unterstützt, die arbeitslos sind, sondern der Arbeitslosigkeit auch aktiv entgegenwirkt. Die von Dr. Kohl geführte Regierung bewerkstelligte mit mehreren Novellen zum AFG sowohl einen Abbau der Leistungen für die Arbeitslosen als auch eine drastische Einschränkung der Möglichkeiten aktiver Arbeitsmarktpolitik, zum Beispiel Arbeitsbeschaffungsmaßnahmen.

Wenn man, wie es die Regierung Kohl sich zum Ziel gesetzt hat, massiven Sozialabbau und Umverteilung von unten nach ganz oben *will,* dann ist ein scheinheiliger Sprücheklopfer wie Norbert Blüm unentbehrlich. Neben den von ihm betriebenen drastischen Kürzungen der Sozialleistungen fällt ihm ja auch noch die Aufgabe zu, die reiche Bundesrepublik allmählich in ein Billiglohnland umzuwandeln, wo allein die Bosse das Sagen haben und die Lohn- und Gehaltsempfänger schutzlos sind.

Alle bisherigen Maßnahmen der Regierung Kohl und ihres Arbeits- und Sozialministers Blüm, die angeblich dem »Abbau der Arbeitslosigkeit« dienen sollen, zielen darauf, in hundertjährigem Kampf mühsam errungene Rechte der Arbeiter und Angestellten Schritt für Schritt abzubauen. Blüms Begründung im Bundestag: »Das Arbeitsrecht unter den Bedingungen der Arbeitslosigkeit muß Brücken bauen und darf nicht dazu führen, daß die Privilegierten, die Arbeitsbesitzer, sich in die Festung zurückziehen und die Beute unter sich verteilen!«

Statt gezielt die Arbeitslosigkeit zu bekämpfen, wie es seine Aufgabe wäre, will Blüm – denn das meint er in Wahrheit –, daß die »Arbeitsbesitzer« auf ihre »Beute«, nämlich auf ihren in harten Tarifkämpfen errungenen Besitzstand an gesichertem Lohn und erträglichen Arbeitsbedingungen, verzichten lernen und ihre »Privilegien«, nämlich in jahrzehntelangem politischen Kampf durchgesetzte Rechte, zum Beispiel auf Kündigungsschutz, einfach aufgeben!

Ex-Bundesminister Graf Lambsdorff, resozialisierter Geldwäscher, Steuerhinterzieher und Flick-Helfer einerseits, langjähriger FDP-Chef und Gralshüter der superfreien Marktwirtschaft andererseits, verkündete das Gleiche wie Norbert Blüm, nur unverblümter. In einem Interview in dem auf Volksverdummung spezialisierten Achtgroschenblatt, das sich am besten für solche Verlautbarungen eignet, ließ der Graf sich herbei, sein Patentrezept zur Bekämpfung der Arbeitslosigkeit zu verraten:

»Dagegen gibt es nur eine Medizin: Disziplin bei künftigen Lohnvereinbarungen. Denn für niedrige Löhne gibt's genug Arbeit.«

Als »schlimmsten Fehler« bezeichnete Graf Lambsdorff, der vom Hause Flick so reich Bedachte, die Anhebung der Löhne und Gehälter in den »unteren Einkommensstufen«, da sich gerade die einfachste Arbeit »am besten durch Maschinen ersetzen« ließe.

Ganz abgesehen davon, daß Löhne gleichzeitig Kaufkraft, Steuern und Sozialversicherungsbeiträge bedeuten, wird der Zynismus der gräflichen Argumentation, wie Hans Uske in seiner Untersuchung »Die Sprache der Wende« anmerkt, erst richtig deutlich, »wenn wir uns in die Zukunft versetzen und annehmen, Lambsdorffs Rezept wäre bereits verwirklicht... Nehmen wir also an, die Löhne seien gesenkt worden, sagen wir: um 20 Prozent ... Sofort sinken die Kosten der Unternehmer in den lohnintensiven Bereichen, dort wo viele Arbeitskräfte nötig sind. Die Verlockung, Maschinen anzuschaffen, wird geringer ... Dank der Wende-Regierung könnten wir endlich wieder mit den Computern konkurrieren. Die meisten Leute wären ärmer, einige sogar sehr viel ärmer, aber viele hätten wieder Arbeit ... Nun gehört aber zur Wirtschaftsplanung der Bundesregierung die Förderung des technischen Fortschritts: Milliarden fließen in EDV-Forschung und Computer-Entwicklung ... Großkonzerne engagieren sich im Elektronikmarkt. Dieser geballte Einsatz muß sich bezahlt machen ... Was tun wir jetzt? Die vernünftigste Lösung: Unsere Arbeitskraft muß noch billiger werden, außerdem lernen wir noch besser coumputern, und dann müssen wir noch billiger werden und dann – leben wir in einem Billiglohnland ... Und wenn die nächste konjunkturelle Krise kommt und wenn durch die rasante Entwicklung des technischen Fortschritts die Arbeitslosenzahl weiter ansteigt – dann wird diese Sorte von Vernunft darauf nur eine Antwort wissen: Das Opfer der Bevölkerung war nicht groß genug, der Gürtel muß noch enger geschnallt werden.«

Auf dem Wege zur Verwirklichung solcher Absichten sahen die großen Bosse und die von ihnen mit Millionenspenden geförderte Regierung Kohl ein Hindernis: den DGB und die in diesem Bündnis zusammengeschlossenen Einheitsgewerkschaften. Folgerichtig setzte die Regierung Kohl, kaum daß sie durch den Wählerbetrug der FDP an die Macht gekommen war, die Schwächung der Gewerkschaften auf ihr Programm. Ihr erstes Ziel war, die Streikfähigkeit und damit das Grundrecht auf Streik als legitimes Kampfmittel der wirtschaftlich Schwächeren auszuhöhlen. Durch eine Änderung des Paragraphen 116 Arbeitsförderungsgesetz (AFG) sollte zunächst einmal die Durchsetzungsfähigkeit der Gewerkschaften in der Tarifpolitik beendet werden.

Worum es dabei ging, erläuterte der DGB am Beispiel des Arbeitskampfes, mit dem die IG Metall das Tabu der 40-Stunden-Wochen brach: »Während dieses Arbeitskampfes haben in der Metallindustrie 55 000 Arbeitnehmer gestreikt. 170 000 Arbeitnehmer wurden in den umkämpften Tarifgebieten ausgesperrt. Über 300 000 Arbeitnehmer wurden bundesweit kalt ausgesperrt. Das heißt: Von zehn Arbeitnehmern, die in den Arbeitskampf einbezogen waren, waren neun ausgesperrt und einer streikte. Die Arbeitgeber haben durch massenhafte Aussperrung im umkämpften Tarifgebiet bundesweit kalte Aussperrungen verursacht oder willkürlich herbeigeführt – und diese Praxis wollen sie sich in Zukunft von den Sozialämtern bezahlen lassen. Sie wollen mit der Existenzangst der Arbeitnehmer und ihrer Familien Tarifpolitik machen. Wenn Gesetz wird, was die Arbeitgeber wollen und die Regierung vollzieht, wird das Streikrecht zwar auf dem Papier erhalten bleiben, aber in der Praxis bis zur Unkenntlichkeit verstümmelt sein.«

Dennoch wurde die Änderung des Paragraphen 116 AFG gegen den millionenfachen Protest der organisierten Arbeitnehmer von der Regierung Kohl durchgepeitscht. Weit größer als ihr Respekt vor den demokratischen Grundrechten war die Rücksicht auf ihre Geldspender in den Chefetagen der Großkonzerne - im Falle des Grafen damals noch Flick, inzwischen die mächtige Allianz-Versicherung, die sich im Frühsommer 1990 das DDR-Versicherungswesen unter den Nagel gerissen, dessen Verpflichtungen in Milliardenhöhe aber den Steuerzahlern überlassen hat.

Unter der Federführung von Minister Dr. Blüm wurde mit den Stimmen der schwarz-goldenen Koalition von CDU/CSU und FDP der Paragraph 116 im Sinne der Konzernherren abgeändert. Graf Lambsdorff äußerte vollste Zufriedenheit. Mit den kleinen Korrekturen, die den Gewerkschaften am Ende noch bewilligt worden waren, »ließe sich leben«, meinte er. Im Klartext: Das »Anti-Gewerkschaftsgesetz«, wie es der damalige DGB-Vorsitzende Ernst Breit genannt hat, entsprach durchaus den Forderungen der Konzerne, deren Bestreben darauf gerichtet war und ist, die Gewerkschaften, vor allem tarifpolitisch, handlungsunfähig zu machen.

Tatsächlich hat die Regierung Kohl mit der von ihr durchgeführten Änderung des Streik-Paragraphen 116 AFG einen der dringendsten Wünsche ihrer Geldgeber erfüllt, der - so ein BDI-Festredner im Jahresrückblick - »zum Vermächtnis von Hanns Martin Schleyer« gehörte.

Auch bei den Feierlichkeiten zum 10. Todestag des Kohl-Entdeckers Dr. Fritz Ries im Juli 1987 in Frankenthal, an denen Kanzler Kohl seinem langjährigen Förderer, trotz dessen Schandtaten um und in Auschwitz, uneingeschränktes Lob spendete und die »vorbildliche Unternehmerpersönlichkeit« des verewigten Groß»arisierers« und Kondom-Königs pries, waren die versammelten Freunde aus Industrie und Bankwelt sich darin einig, daß die geglückte Änderung des § 116 AFG »ein richtiger Schritt auf dem richtigen Wege« gewesen sei.

Wie mit Kohls Hilfe die Reichen immer reicher und die Armen immer ärmer werden

Wie sich der Sozialabbau bereits nach vier Jahren »Wende«-Politik ausgewirkt hatte, beschrieb der SPD-Sozialexperte Egon Lutz 1986 im Bundestag: »Der Sozialabbau der Regierung Kohl hat zu einer neuen Armut geführt. Durch Kürzungen von Sozialleistungen und Anhebung von Sozialversicherungsbeiträgen wurden die sozial Schwächeren in großem Umfang belastet... Mitte 1985 haben nahezu 40 Prozent (der Arbeitslosen) überhaupt keine Leistungen mehr aus der Arbeitslosenversicherung erhalten. Nur noch ein Drittel aller Arbeitslosen bezog Arbeitslosengeld, und zugleich sank das durchschnittlich gezahlte Arbeitslosengeld um annähernd vier Prozent..., obwohl die durchschnittlichen Lebenshaltungskosten im selben Zeitraum um 5,8 Prozent gestiegen sind!«

Auch in der Folgezeit, am Ende der achtziger Jahre, besserten sich - trotz damals noch anhaltender Hochkonjunktur und gutgefüllter Kassen - diese katastrophalen Verhältnisse um keinen Deut. Infolge des Anstiegs der Lebenshaltungskosten verschlechterten sie sich noch. Langzeitarbeitslosigkeit, ansteigende Überschuldung vieler Familien und drastische Verknappung preisgünstigen Wohnraums ließen immer mehr Mittelschichtfamilien in die Armut absinken. Die Regierung Kohl brachte den sozialen Wohnungsbau zum Erliegen und trug mit ihrer Gesetzgebung kräftig dazu bei, daß die Mieter in wachsende Bedrängnis gerieten und die Wohnungsnot sich vergrößerte. Sie erleichterte die Umwandlung preisgünstiger Wohnungen in Büros oder unerschwinglich teure Eigentumswohnungen und ließ den Abstand zwischen Mietkosten und Haushaltseinkommen immer kleiner werden, was auch zur Folge hat, daß sich die Sozialstruktur ganzer Stadtviertel ändert, die Menschen aus ihrer gewohnten Umgebung in ferne »Schlafstätten« und »Wohnsilos« in Randlagen abgedrängt werden und die Obdachlosigkeit dramatisch zunimmt.

Ausgerechnet bei ohnehin benachteiligten Gruppen wie Frauen mit niedrigen Renten oder Schwerbehinderten setzte der im Kabinett Kohl für Arbeit und Soziales zuständige Minister Norbert Blüm den Rotstift an. So wurde den Hausfrauen der Invaliditätsschutz - trotz oft jahrelanger Beitragszahlung in die Rentenversicherung - einfach gestrichen.

Alles, was der Regierung Kohl zum Thema Armut einfällt, sind dumme Sprüche. Dreist behauptete Norbert Blüm im Bundestag: »Altenarmut ist nicht Rentenarmut. Ich bestreite, daß die Ursachen von Armut in der Rentenversicherung liegen. Armut kann auch das Ergebnis von wenigen Beitragsjahren, von geringem Lohn sein« - was gewiß niemand leugnen kann, nur wäre es die Aufgabe einer sozialen Demokratie, zumal in einem so überaus reichen Land wie der Bundesrepublik, jene sich aus der ungerechten Entlohnung der Frauen ergebenden, viel zu niedrigen Renten nicht als Resultat eines Naturgesetzes hinzunehmen, sondern auszugleichen. Gerade die heute im Rentenalter stehenden Frauen, von denen sich die meisten ein Jahrzehnt lang, durch Kriegs- und Nachkriegsnotjahre, allein durchschlagen mußten, oft die ganze Last der Kindererziehung, des Haushalts *und* der Erwerbsarbeit trugen, von ihren Pfenniglöhnen nur Mindestbeiträge zur Rentenversicherung leisten und niemals Nachzahlungen aufbringen konnten, verdienten im Alter die solidarische Hilfe der westdeutschen Wohlstandsgesellschaft. Niemand könnte die Bundesregierung daran hindern, ihre Milliardengeschenke an die Superreichen in beträchtliche Rentenerhöhungen umzuwandeln, so daß keine und keiner, die oder der sein Leben lang hart gearbeitet, aber wenig verdient hat, nun auch noch im Alter darben muß. Es wäre dann nicht einmal nötig, die Versicherungsbeiträge zu erhöhen. Aber dazu meinte Kohls Sozialminister Dr. Blüm:

»Wir wollen die Rente lohn- und leistungsbezogen lassen. Wir wollen nicht die Einheitsrente, die Sockelrente. Wir wollen nicht die große sozialistische Gulaschkanone, von deren Einheitsbrei jeder einen Schlag bekommt!«

Solche Rabulistik eines Mannes, der sich und seine Politik »christlich« und »sozial« nennt, läßt einen schaudern! Denn niemand verlangt eine »Einheitsrente«, wohl aber wäre es dringend erforderlich - und finanziell durchaus möglich -, eine deutlich über der Armutsgrenze liegende Mindestrente einzuführen. Und wenn man auf die Steuergeschenke an die Superreichen durchaus nicht verzichten will, genügte zur Finanzierung auch, die Vergeudungen im Rüstungsbereich oder bei - am Ende fallengelassenen - Prestigeobjekten wie der Wackersdorfer Plutonium-WAA einzuschränken.

Als Folge der Massenarbeitslosigkeit und des Sozialabbaus ist seit der »Wende« die Zahl der Sozialhilfeempfänger ständig gestiegen: in den ersten zwei Jahren um rund 500 000 auf 2,6 Millionen, bis Ende 1987 abermals um 500 000 auf 3,1 Millionen. 1991 gab es in Westdeutschland 3,7 Millionen Sozialhilfeempfänger. Eine halbe Million kam kurzfristig in Ostdeutschland hinzu, nachdem die DDR der Bundesrepublik »beigetreten« war. Und diese Zahlen wachsen weiter.

In dem Ende 1989 veröffentlichten »Armutsbericht« der Paritätischen Wohlfahrtsverbände mit der Überschrift »Wessen wir uns schämen müssen in einem reichen Land« wurde darauf hingewiesen, daß die Unternehmer-Nettoeinkommen zwischen 1982 und 1988 um 74 Prozent gestiegen waren, in absoluten Zahlen um etwa 180 Milliarden DM auf 451,37 Milliarden DM. Demgegenüber betrug der Zuwachs der Netto-Lohn- und Gehaltssumme nur 18,2 Prozent, der Anstieg in absoluten Zahlen nur 93,1 Milliarden DM. Der Anteil des Bruttoeinkommens aus Unternehmertätigkeit und Vermögen am gesamten Volkseinkommen wuchs zwischen 1982 und 1988 von 26,2 auf 32 Prozent. Die Lohnquote entwickelte sich dagegen im gleichen Zeitraum von 73,8 auf 68 Prozent zurück.

Die Reichen wurden also sehr viel reicher, die Armen nur zahlreicher und noch ärmer. Etwa 6,2 Millionen Bundesbürgerinnen und -bürger, das waren zehn Prozent der Bevölkerung der Bundesrepublik, lebten 1988 an oder unterhalb dessen, was der Bericht des Paritätischen Wohlfahrtsverbandes die »Armutsschwelle« nannte, unterhalb derer sich Hunger, menschenunwürdige Wohnverhältnisse, drohende Obdachlosigkeit, Mangelkrankheiten, Verelendung und Hoffnungslosigkeit ausbreiten.

Die Entwicklung, die längst vor Eingliederung der DDR in die BRD zu diesen Ergebnissen führte, ging seitdem weiter und beschleunigte sich noch. Die Lohnquote in Westdeutschland sank 1991 auf 65,9 Prozent. Die abhängig Beschäftigten konnten im Gegensatz zu den Unternehmern ihre realen Nettoeinkommen gar nicht mehr verbessern, sondern erlitten Einbußen. Im Gesamtzeitraum von 1982 bis 1992 stiegen die Nettolöhne und -gehälter daher nur um 10,5 Prozent, die realen Einkommen der Unternehmer dagegen um 123 Prozent.

Besonders stolz pries die Regierung Kohl in den achtziger Jahren ihr Steuersenkungsgesetz. Es entlastete die Steuerzahler in zwei Stufen zwar um fast 20 Milliarden DM, doch waren diese Entlastungen so sozial ungerecht wie irgend möglich verteilt: Sie kamen in erster Linie den Beziehern hoher und höchster Einkommen zugute!

Verheiratete Durchschnittsverdiener hatten eine steuerliche Ersparnis von etwa zwölf DM monatlich. Hingegen fiel die Entlastung von Spitzenverdienern 50mal höher aus, obwohl sie bei Jahreseinkommen von einer Million DM und mehr nur 20mal mehr Steuerlast zu tragen hatten als ein Durchschnittsverdiener. Die Erhöhung des Kinderfreibetrags brachte den Einkommensmillionären eine etwa 22mal höhere Entlastung als dem Durchschnittsverdiener!

Selbst die geringfügigen, oft schon durch die erhöhten Beiträge zur Kranken- und Sozialversicherung ausgeglichenen oder gar ins Gegenteil verkehrten Steuererleichterungen für Durchschnittsverdiener waren eine Täuschung, da zugleich die Mehrwertsteuer angehoben wurde. Diese Steuer muß letztlich von der Masse der Verbraucher aufgebracht werden, auf die alle anderen, vom Produzenten bis zum Groß- und Einzelhandel, sie abwälzen können.

Was die Mehrwertsteuererhöhung um einen Prozentpunkt an zusätzlichen Einnahmen erbrachte, annähernd acht Milliarden DM, wurde denen, die von der Einkommensteuersenkung ohnehin am meisten profitierten, als zusätzliches Steuergeschenk zuteil. Das mehrstufige Programm der Regierung Kohl zur Senkung der Unternehmenssteuern kostete nämlich ebenfalls acht Milliarden DM – durch massiven Abbau der Gewerbesteuer, durch Senkung der Vermögenssteuer und durch Vergünstigungen bei den Abschreibungsmöglichkeiten.

Das sind nur einige Beispiele für die steuerliche Umverteilung von unten nach oben. Die direkte Besteuerung der Unternehmensgewinne, vor Kohls Amtsantritt gut 33 Prozent, verringerte sich bis Anfang der neunziger Jahre auf kaum mehr als 20 Prozent. Die Abzüge von den Arbeitseinkommen dagegen stiegen zwischen 1980 und 1991 von 28,7 Prozent der Bruttolöhne und -gehälter auf 32,5 Prozent und wurden inzwischen noch weiter angehoben.

Die Unternehmerverbände und ihre regierungsamtlichen Propagandisten vom Schlage solcher Bundeswirtschaftsminister wie Otto Graf Lambsdorff oder Günther Rexrodt verbreiten unentwegt die Mär, Deutschland sei ein viel zu teurer Industriestandort geworden, die Unternehmer seien mit viel zu hohen Kosten belastet, das müsse sich endlich ändern. Sie spekulieren darauf, daß jede Behauptung, wenn sie sie nur oft genug wiederholen, irgendwann geglaubt wird. Massenverdummungsblätter wie BILD aus dem Springer-Konzern wirken daran eifrig mit. Die Wahrheit bleibt dem ver»bild«eten Publikum verborgen, den Unternehmerverbänden und Ministern hingegen ist sie wohlbekannt. Nachzulesen ist sie in einer Untersuchung der Deutschen Bundesbank – die gewiß nicht im Verdacht steht, dem Kapitalismus feindlich gegenüberzustehen:

In einer Auswertung der Bilanzen von 18 000 Unternehmen kommt die Bundesbank zu dem Ergebnis, daß seit Ende der siebziger Jahr der Anteil der Ausgaben für Steuern am Umsatz der Unternehmen nicht gestiegen, sondern gesunken ist, und zwar um etwa ein Sechstel. Der gleichen Untersuchung zufolge ist auch der Anteil der Personalkosten am Umsatz zurückgegangen. Beide zusammen, Personalkosten und Steuerbelastung, machten 1989 kaum mehr als 20 Prozent des Gesamtumsatzes aus und verringerten sich inzwischen weiter. Das heißt: Rund 80 Prozent des Umsatzes dienen anderen Zwecken, nicht zuletzt den Unternehmergewinnen.

Das reale Sozialprodukt je Beschäftigten (Arbeitsproduktivität) erhöhte sich 1980 bis 1992 um 18 Prozent, je Beschäftigtenstunde um 27 Prozent. Aufgrund von Erfindungen und Rationalisierungen können industrielle Güter jetzt mit geringerem Arbeitsaufwand, also erheblich schneller hergestellt werden. Die Gewerkschaften reagierten frühzeitig darauf, indem sie Arbeitszeitverkürzungen forderten. Helmut Kohl widersetzte sich: Diese Forderung sei »dumm und töricht«, wetterte er. Erst in harten Kämpfen gelang es den Gewerkschaften, in kleinen Schritten über lange Zeiträume die Arbeitszeit zu verkürzen und dadurch der sich ausbreitenden Arbeitslosigkeit entgegenzuwirken. So kam die Erhöhung der Arbeitsproduktivität wenigstens zu einem Teil den arbeitenden Menschen selbst zugute, wofür sie allerdings auch mit Lohn- und Gehaltsverzichten zahlen mußten. Hauptnutznießer der Rationalisierungen waren und blieben die Unternehmer.

Der Korrektheit halber müssen wir hier freilich einschränken, daß nicht alle Unternehmer gleichermaßen von der Politik der Regierung Kohl profitieren. Den größten Nutzen haben in der Regel diejenigen, die ohnehin schon die Reichsten und Mächtigsten sind. Vor allem die Großbanken, deren Frankfurter Verwaltungspaläste nicht zufällig die höchsten im Lande sind. In den Jahren 1990 bis 1992 verbuchte die Kreditwirtschaft einen Bilanzgewinn von mehr als 20 Milliarden DM, wovon allein 5,6 Milliarden auf die Großbanken entfielen. 1993 konnten die Finanzkonzerne neue Gewinnrekorde vermelden, während andere, kleinere Unternehmen über die Rezession stöhnten und übers Jahr mehr als 15 000 Firmen zahlungsunfähig wurden. Dem Volk wurden »Solidaritätsopfer« abverlangt, das Große Geld wuchs und wucherte wie nie zuvor.

1989 hatten die Großbanken fast fünf Milliarden Mark Zinsüberschuß kassiert. Das war schon ein stattliches Ergebnis. 1993 aber, in der Krise, gelang es ihnen, einen Zinsüberschuß von 23 Milliarden DM einzuheimsen. In der tiefsten Rezession seit Bestehen der Bundesrepublik profitierten sie vom steigenden Kreditbedarf des Staates, der Kommunen, der Gewerbetreibenden und der Privathaushalte. Während zum Beispiel vom Herbst 1992 bis Herbst 1993 die Bundesbank den Diskont-

und den Lombardsatz - die Leitzinsen - um 2,5 Prozentpunkte reduzierte, senkten die Banken die Kontokurrentzinsen nur um 1,5 und die Ratenkredite für Kleinkunden um 1,3 Prozentpunkte, dagegen die Guthabenzinsen um 2,5 Prozent. Das veranlaßte selbst die »Wirtschaftswoche« vom 13. Dezember 1993 zum Murren: »Die Banken stoßen sich an Zinssenkungen gesund, die Wirtschaft kommt nicht auf die Beine« - eine Kritik, die indessen in zweifacher Hinsicht präzisiert werden muß; denn erstens brauchten sich die Banken nicht gesundzustoßen, weil sie ohnehin vor Gesundheit strotzten, und zweitens hat die Krise zwar viele einzelne Betriebe erwischt, aber »die Wirtschaft« im allgemeinen steht auf festen Beinen, wie ein Blick auf die Börsenkurse zeigt: Der Deutsche Aktienindex (DAX) kletterte 1993 zum Jahresende auf 2.267 Punkte. Ein Jahr zuvor hatte dieser aus 30 Standardwerten errechnete Börsenkurs bei 1.545 Punkten gestanden. Das war übers Jahr eine Steigerung um 46,7 Prozent. Die Aktionäre wurden zwischen Neujahr und Weihnachten fast um die Hälfte reicher - allein durch ihre an deutschen Börsen getätigten Geschäfte. Großaktionäre erlebten also eine prächtige Weihnachtsbescherung am Ende eines Jahres, in dem im vereinigten Deutschland die Arbeitslosigkeit in eine Größenordnung ähnlich wie in der Schlußphase der Weimarer Republik hineinwuchs und Armut zum Massenschicksal wurde.

»Der Kanzler der nationalen Einheit« – Der Kanzler der sozialen Spaltung

Der Zusammenbruch des SED-Regimes in der DDR im November 1989 hat Helmut Kohls ohnehin sehr hohe Selbsteinschätzung ins Gigantische wachsen lassen. Längst ist er überzeugt davon, daß nicht Michail Gorbatschow, nicht die Beispiele Polens, Ungarns und der Tschechoslowakei die friedliche Revolution im anderen Teil Deutschlands in Gang gesetzt und den mutigen Männern und Frauen der demokratischen Opposition zum Sieg verholfen haben, sondern daß er allein – vermutlich durch sein Anstimmen des Deutschlandliedes vom Balkon des Dresdner Rathauses unter Mißachtung der Haydnschen Melodie – Honecker verjagt und die Mauer zum Einsturz gebracht hätte, wofür ihm das deutsche Volk diesseits und jenseits von Elbe und Saale auf den Knien danken sollte. Er beruft sich auf den preußischen Strategen Moltke, der meinte: »Glück hat auf die Dauer doch zumeist wohl nur der Tüchtige« (womit dieser freilich eingeräumt hat, daß auch dem Mittelmäßigen Erfolg winken könne). Dagegen empfahl ihm die »Süddeutsche Zeitung« schon im Sommer 1990, »eher davon zu sprechen,daß er einfach Schwein gehabt hat«.

Aber Einsicht und Bescheidenheit sind Helmut Kohl wesensfremd, weshalb er auch die glänzende Konjunktur zu Anfang der neunziger Jahre für das Werk seiner weisen Regierung hielt, desgleichen die deutsche Fußball-Weltmeisterschaft im Sommer 1990. Im Bundestagswahlkampf im Herbst 1990 bot er diese nationale Erfolgsserie – Einheit, Aufschwung, WM – gleichsam im Dreierpack mit dem Aufdruck »Alles von Kohl!« an. Die Mogelpackung sollte im nationalen Rausch durchgehen, weil »die Männchen draußen im Land« (womit er aber alle,

Männer und Frauen, meint, die außerhalb des Kanzler-Bungalows leben) so vergeßlich oder so wenig informiert sind.

In Wahrheit war von den Ereignissen in der DDR im Herbst 1989 niemand so sehr überrascht worden wie die Kohl-Regierung, die dann allerdings die sich ihr so unverhofft bietende Chance eiligst ergriff. Innerhalb weniger Wochen waren die mutigen Frauen und Männer, die das Honecker-Regime gestürzt hatten, rücksichtslos vom Platz gedrängt und durch eine von Bonn aus an immer kürzerer Leine gehaltene Übergangsregierung ersetzt worden. Mit Versprechungen Kohls, der DDR ein unverzügliches Wirtschaftswunder zu bescheren und ihr durch reichen DM-Segen den Einzug ins Paradies der freien Marktwirtschaft zur reinen Lustpartie werden zu lassen, wurden die Volkskammerwahlen vom 18. März 1990 zu einem Triumph jener Blockparteien, die vierzig Jahre lang von der SED ausgehalten worden waren und nun ihr Heil bei Kohl & Co sahen.

Damit war der Weg frei für den Einzug des Großen Geldes in die DDR und deren eilige Vereinnahmung. Aber der versprochene reiche und sofortige Segen blieb natürlich aus. Vielmehr mußte die Regierung Helmut Kohls, so sehr sie dies auch zu vertuschen suchte, zunächst einmal für einen drastischen Sozialabbau sorgen, denn natürlich waren und sind die Herren des Großen Geldes vorrangig daran interessiert, Profit zu machen, und dabei ist all das, was sie »Sozialklimbim« zu nennen belieben, nur hinderlich.

So mußte die Regierung Kohl jetzt eine wahre Sisyphusarbeit leisten – zum einen rasch alles beseitigen, was ihren Auftraggebern lästig ist, vom Kündigungsschutz über das Aussperrungsverbot und das bezahlte Babyjahr bis zum letzten betrieblichen Kinderhort; zum anderen ein immer schnelleres Tempo einschlagen, um Fakten zu schaffen, bevor sich diejenigen, die dabei auf der Strecke bleiben mußten, über die unvermeidlichen katastrophalen Folgen der hastigen Vereinnahmung klarwerden konnten.

So hieß es denn für Helmut Kohl und seine Ministerriege: immer neue Ausreden erfinden und Beschwichtigungen verbreiten, beispielsweise behaupten, daß niemand im Lande zu befürchten brauche, die Zeche bezahlen zu müssen. Dabei war von vornherein klar, daß es gewaltige Summen kosten würde, Ostdeutschland den westlichen Standards anzugleichen, also zum Beispiel das Straßen- und das Telefonnetz auszubauen, Wohngebäude und Industrieanlagen zu modernisieren und so weiter. Außerdem konnte sich jeder Einsichtige an fünf Fingern abzählen, daß sich diese Kosten vervielfachen mußten, wenn funktionierende Strukturen einfach rücksichtslos zerschlagen wurden. An frühzeitigen Warnungen kompetenter Wirtschaftswissenschaftler und auch des damaligen Präsidenten der Deutschen Bundesbank fehlte es nicht. Doch Kohl behauptete dreist, alles lasse sich ohne Steuererhöhungen finanzieren. Und damit ihm Kritik nicht hinderlich werden konnte, beschleunigte er sein Tempo.

Nach dem Willen Kohls und seiner Geldgeber verwandelten sich die Länder der DDR in eine Art »Kronkolonie Ostelbien« – so Jens Reich als Sprecher der demokratischen Bürgerbewegungen in der damals neu gewählten Volkskammer, wo sie rasch in die Opposition gedrängt wurden.

Die Rolle der Gounverneurin durfte – nach der Ermordung des ersten Präsidenten der Treuhandanstalt, Detlev Rohwedder – die CDU-Politikerin Birgit Breuel übernehmen. Kohls Vertraute gerantierte für die Anwendung frühkapitalistischer Methoden der Ausbeutung, des Ramsch-Einkaufs von Grund und Boden und des sozialen und kulturellen Kahlschlags.

Als wessen Treuhänderin betätigte sich Birgit Breuel? Galt ihre Treue etwa den Genossenschaftsbauern? Den Beschäftigten der Industriebetriebe? Dem Volk, dem die Betriebe nominell gehörten? Oder dem Bundesfinanzminister, dem CSU-Vorsitzenden Theo Waigel, dem die Treuhandanstalt unterstellt ist?

Genossenschaftsbauern wurden ähnlich verdrängt wie Industrie-Beschäftigte. Das Volkseigentum wurde privatisiert, und der Bundeshaushalt zog aus den Verkäufen keinen Gewinn, sondern die Treuhandanstalt erwies sich als Weltmeisterin im Schuldenmachen: In dreieinhalb Jahren vermehrte sie die Bundesschulden um die mit keinem Hochgebirge der Welt mehr zu veranschaulichende Summe von 275 Milliarden Mark – nachdem es der Regierung des Dr. Kohl in Bonn schon gelungen war, die 1982 bei der »Wende« übernommenen Bundesschulden auf mehr als das Doppelte anwachsen zu lassen.

Als Folge des Vernichtungswerks der »Treuhandanstalt« liegt Ostdeutschlands Wirtschaft vier Jahre nach dem Fall der Mauer am Boden, etwa auf dem Niveau eines Entwicklungslandes wie Sri Lanka. Nur noch etwa drei Prozent steuerten 1992 die neuen Länder zur deutschen Industrieproduktion bei. Ohne Rücksicht auf die Bedürfnisse der Menschen wurde alles zerschlagen, was dem Großen Geld beim Einzug in Ostdeutschland als hinderlich oder unbrauchbar erschien, und die Anstalt belohnte diejenigen, denen sie das DDR-Volkseigentum übereignete, noch mit üppigen Zusatzgeschenken. Die Konditionen der Übereignungsverträge, zum Beispiel Freistellung der Erwerber von Verpflichtungen und Risiken, wurden von der Breuel-Anstalt in manchen Fällen so günstig gestaltet, daß der Bündnis 90-Abgeordnete Ulrich-Karl Engel im Landtag von Sachsen-Anhalt dafür nur diese Erklärung fand: »Organisierte Kriminalität beginnt im Nadelstreifen.« Nach alarmierenden Feststellungen des Bundesrechnungshofes und nach Einleitung etlicher staatsanwaltschaftlicher Ermittlungsverfahren sah schließlich Ende 1993 der Bundestag Anlaß, einen Treuhand-Untersuchungsausschuß einzusetzen.

Angesichts der von dieser Behörde hinterlassenen Schulden, die noch künftige Generationen belasten werden, wandte sich der Chemnitzer SPD-Bundestagsabgeordnete Gerald Thalheim gegen »politische Legendenbildung« in Bonn: »Dort wird ausschließlich die sozialistische DDR-Mißwirtschaft für die heutige Lage verantwortlich gemacht.«

Gerade im »Superwahljahr« 1994 wird die Regierungspropaganda krampfhaft an dieser Legende festhalten. Die Wahrheit aber ist, daß ein großer Teil der Treuhand-Schulden erst nach DDR-Zeiten durch eine »Aufbau-Politik« entstand, mit der viel zerstört, aber wenig aufgebaut wurde.

Wem, so fragten wir, galt die Treue der Treuhand-Präsidentin? Wo ist sie verwurzelt?

Birgit Breuel, Kohls Statthalterin für den Osten, ist Tochter und Erbin des Hamburger Bankiers Alwin Münchmeyer, der jahrzehntelang Boß des Bankhauses Schröder, Münchmeyer, Hengst & Co. war. All seine Ämter in Vorständen, Aufsichtsräten und Beiräten aufzuzählen, fehlt hier der Platz. Erwähnung gebührt aber zumindest der Tatsache, daß die deutschen Bankiers, als es galt, den Präsidenten des Bundesverbandes der deutschen Banken zu wählen, dieses Amt Alwin Münchmeyer antrugen, der es jahrelang ausübte. An der Hamburger Elbchaussee ist es kein Geheimnis: Der ganze Ehrgeiz von Tochter Birgit war es seit eh und je, diesem Vater zu beweisen, daß sie seiner würdig sei: eine nicht nur 100-, sondern 150prozentige Sachwalterin des Großen Geldes.

Privatisierung - oder »Entstaatlichung«, wie sie es gern nennt - war und blieb immer das Hauptbestreben der CDU-Politikerin, zuerst in der Hamburger Bürgerschaft, dann in der von Ernst Albrecht geleiteten niedersächsischen CDU/FDP-Regierung, der sie zwischen 1978 und 1990 anfangs als Wirtschafts-, später als Finanzministerin angehörte. In vielen Reden und Schriften stritt sie wacker gegen Subventionen, vor allem bei der CDU-Mittelstandsvereinigung, zu deren niedersächsischen Landesvorsitzenden sie sich wählen ließ. Mittelständischen Unternehmern redete sie ein, es vertrage sich nicht mit den Prinzipien der Marktwirtschaft, wenn sich der Staat um die Wirtschaft kümmere, und deswegen dürften sie auch unter keinen Umständen Subventionen beanspruchen. Großunternehmen dagegen wurden unter Breuels Minister-Verantwortung in Niedersachsen reichlich mit Subventionen bedacht, beispielsweise das zum Röchling-Konzern gehörende Rüstungsunternehmen Rheinmetall, dem sie ein großenteils mit öffentlichen Mitteln finanziertes Zentrum zur Entwicklung neuer Kriegswaffentechniken bauen ließ.

Bereits 1979 formulierte Birgit Breuel ein umfassendes Privatisierungsprogramm, das, wie sie verhieß, zu einem »Mehr an individueller Freiheit« führen werde. Das Programm nannte Schlachthöfe und kommunale Wohnraumvermittlungsstellen, Sportstadien und Verkehrseinrichtungen, Krankentransport und Müllabfuhr, Küchen in Kliniken und Reinigungsdienste für Schulen oder für Behörden - wobei es sich günstig traf, daß sich der niedersächsische Landesvorsitzende des CDU-Wirtschaftsrats, Hartwig Piepenbrock, mit seinem großen Gebäudereinigungsunternehmen, das dann schnell noch viel größer wurde, für solche Aufgaben bereithielt - meist mit stundenweise beschäftigten Frauen unter schlechteren Arbeitsbedingungen mit niedrigeren Löhnen und unzureichenden Sozialleistungen.

Es gehe aber nicht allein um Kostengünstigkeit, erläuterte die niedersächsische Ministerin in ihrem Programm. Die Übertragung öffentlicher Aufgaben auf private Träger könne auch dann in Betracht kommen, »wenn private Leistungserstellung teurer ist als die verwaltungseigene«. Hier müsse »das Gebot der Sparsamkeit gegen das ordnungspolitisch erstrebte Ziel abgewogen werden« - und dieses Ziel hieß eben: Privatisierung.

Ausdrücklich erläuterte die niedersächsische Ministerin, daß manche Leistungen »in der Regel nicht kostendeckend erstellt werden können (zum Beispiel Theater, Museen, Schwimmbäder)«. Diese Einsicht hinderte sie nicht, sich auch für die Privatisierung von Theatern, Museen, Schwimmbädern wie auch von Schulen, Universitäten und Postämtern einzusetzen. »Notfalls«, meinte sie in ihrem Programm, müsse die öffentliche Hand »Zuschüsse gewähren«.

Nach Birgit Breuels Verständnis sollen sich also die Aufgaben des Staates nicht aus allgemeinen Bedürfnissen herleiten, sondern aus den Gewinninteressen einzelner, denen sie letztlich alles, was der Allgemeinheit gehört, zuschieben will. »Selbst bei der Steuerverwaltung«, schrieb sie, könne sie sich »in wesentlichen Teilen eine privatwirtschaftliche Struktur vorstellen«.

In Niedersachsen konnte die Bankierstochter jedoch mit ihren Kampagnen gegen »überzogene Sozialstaatlichkeit« und ihren Tiraden gegen die Gewerkschaften (»Vater Staat ist gefordert, sein wachsames Auge und, wenn nötig, seine strafende Hand gegen die Organisationen der Arbeitnehmer zu richten«) noch wenig ausrichten. Die zur Privatisierung ausersehenen Abteilungen von Krankenhäusern und Stadtverwaltungen wehrten sich kräftig. Wasch- und Putzfrauen sowie Friedhofsgärtner ließen durch ihren Widerstand manchen Breuel-Plan scheitern. Und als die CDU-Politikerin im von ihr geleiteten Wirtschaftsministerium eine Botenstelle teilen wollte, untersagte ihr das eine Einigungsstelle unter Vorsitz des hannoverschen Landgerichtspräsidenten: Birgit Breuels Job-sharing-Modell hätte die Stelleninhaber mit einem halbierten Boten-Gehalt an die Sozialhilfegrenze rutschen lassen.

Unmittelbar, nachdem 1990 die niedersächsischen Wählerinnen und Wähler die Regierung Albrecht abgewählt hatten, fand Birgit Breuel mit dem Segen des Kanzlers und derer, denen er es immer recht machen will, ihre neue Verwendung als Vorstandsmitglied und bald als Präsidentin der Treuhandanstalt. Nun konnte sie sich endlich als »Entstaatlicherin« austoben, wie sie es sich in ihrem Programm von 1979 gewünscht hatte. Eifriger Mittäter im Vorstand war von 1991 bis 1993 Günther Rexrodt (FDP), jetzt Kohls Wirtschaftsminister.

Wer warum welche ehemaligen DDR-Betriebe übernehmen durfte, ist ein Rätsel, das wohl auch der vom Bundestag auf Drängen der Opposition eingesetzte Untersuchungsausschuß höchstens partiell wird lösen können. Nehmen wir als Beispiel die Eisen- und Hüttenwerke in Thale, wo in DDR-Zeiten fast 7000 Menschen arbeiteten. Dieser Betrieb, der einst zwei jüdischen Familien bis zu deren Verdrängung durch die Nazis gehört hatte, repräsentiert allein schon durch seine Lage auf einem großen Areal inmitten der Stadt Thale einen beträchtlichen Wert - ganz abgesehen von den teilweise noch in den achtziger Jahren mit westlichen Maschinen modernisierten Produktionsstätten.

Für Sanierungsmaßnahmen und als Liquiditätshilfen zahlte die Treuhandanstalt Zigmillionen. Das Land Sachsen-Anhalt gab Bürgschaften. Das Eigentum wurde, ohne daß sich die Anstalt lange mit Ansprüchen der jüdischen Vorbesitzer aufhielt, einem westdeutschen »Investor« überschrieben. Die Wahl der Treuhandanstalt fiel auf den durch Wählerentscheid beschäftigungslos gewordenen, indessen nicht am Hungertuch nagenden, sondern bestens versorgten ehemaligen niedersächsischen Ministerpräsidenten Ernst Albrecht, mit dem Birgit Breuel zwölf Jahre lang in Hannover zusammen regiert hatte. Der Preis, den Dr. Albrecht zahlen mußte, belief sich auf 1 (in

Worten: eine) DM. Da er als Kompagnon einen Bremer Rechtsanwalt mit fünf Prozent beteiligte, brauchte der hannoversche CDU-Politiker, der jahrelang als stellvertretender Parteivorsitzender neben Dr. Kohl dem CDU-Präsidium angehört hatte, genau gesagt nur 95 Pfennig aufzubringen.

Angeblich durch ein »Versehen« überschrieb ihm die Treuhandanstalt auch ein großes Südhang-Gelände im Harz mit Beherbergungs- und Freizeit-Einrichtungen, die früher den Beschäftigten der Eisen- und Hüttenwerke und ihren Familienangehörigen zur Verfügung gestanden hatten. Das »Versehen« wurde nicht etwa korrigiert, sondern Firmenchef Albrecht durfte diese Immobilie alsbald weiterverkaufen, für mehr als vier Millionen Mark.

In einem programmatischen Buch mit dem Titel »Der Staat« hatte Ernst Albrecht einst beklagt, den Deutschen fehle so etwas, wie es die Briten in den Kolonien gehabt hätten und die US-Amerikaner im Wilden Westen. Nun kann Albrecht an der privatwirtschaftlichen Erschließung des deutschen Ostens mitwirken - dank Treuhandanstalt, die ihn zunächst zum Aufsichtsratsvorsitzenden der Eisen- und Hüttenwerke Thale berief und ihn dann zum Eigentümer machte - eine Entscheidung, die auch dann fragwürdig wirkt, wenn Albrecht glaubhaft versichert, keinen persönlichen Nutzen aus dem Eigentum zu ziehen, sondern sich mit den Aufsichtsratstantiemen zu begnügen. Die Belegschaft in Thale schrumpfte inzwischen auf einige hundert Beschäftigte.

Im allgemeinen sorgte die Treuhandanstalt dafür, daß diejenigen, die schon in Westdeutschland monopolartige Wirtschaftsmacht besitzen, diese auf Ostdeutschland ausdehnen konnten. So wurde die Presse Beute westdeutscher Großverlage wie Springer, Bauer, Burda und Bertelsmann. Bauer, Branchenerster auf dem Markt bunter Wochenblätter, zweieinhalbfacher Vermögensmilliardär, Hauptbeteiligter an Schmutz-Wahlkampagnen der CDU/CSU, hatte seit langem den Wunsch gehabt, auch ins Tageszeitungsgeschäft einzusteigen, was ihm jedoch in Westdeutschland mißlang, weil hier der Markt aufgeteilt, besetzt, also gar kein freier Markt mehr ist. Die Treuhandanstalt erfüllte ihm seinen Wunsch: Er erhielt die ehemalige SED-Bezirkszeitung »Volksstimme« in Magdeburg, eine der auflagenstärksten deutschen Regionalzeitungen.

Westdeutsche Fürsten, die nach dem Zweiten Weltkrieg durch die Bodenreform ihre ostelbischen Latifundien verloren hatten, ergreifen nun nach und nach wieder Besitz - einige, wie der schwerreiche und erzkonservative Philipp Ernst Fürst von Schaumburg-Lippe, zunächst als Pächter der Treuhandanstalt. Als Ende 1993 die Breuel-Behörde erstmals ein ostdeutsches Wald- und Forstgebiet privatisierte, schlug sie den 828 Hektar großen Forst Schleiz-Langenbuch in Thüringen dem hessischen »Investor« Franz Alexander Fürst von Isenburg zu.

Im Sinne der »Alteigentümer«, die freilich im Westen längst auf Steuerzahlers Kosten Lastenausgleich erhalten hatten, verfuhren die Regierung Kohl und die Treuhandanstalt nach dem Prinzip »Rückgabe vor Entschädigung« - was für diejenigen, die inzwischen in der DDR gelebt und gearbeitet hatten, Wegnahme ohne Entschädigung bedeutet. Zu den »Alteigentümern«, die sich bei der Treuhandanstalt und örtlichen Vermögensämtern drängelten, gehörten sofort etliche »Arisierungs«gewinnler vom Typ unseres alten Bekannten Dr. Fritz Ries, die gerade wegen der Umstände, unter denen sie einst in der Nazi-Zeit jüdischen Besitz erlangt hatten, nach dem Zweiten Weltkrieg in Ostdeutschland enteignet worden waren. Die Klärung von Eigentumsansprüchen erwies sich oft als sehr mühsam. An ungeklärten Vermögensfragen gingen inzwischen viele tausende Industrie-, Handwerks- und Agrarbetriebe zugrunde. Beamte des Bundesfinanzministeriums entwickelten ein Konzept, wonach Alteigentümer, denen ein unerwarteter Glücksfall der Geschichte längst verlorengeglaubte ostelbische Besitztümer beschert, verpflichtet werden sollten, eine Vermögensabgabe zu zahlen und damit das für die Entschädigung anderer Alteigentümer benötigte Geld aufzubringen. Aber die Bonner Regierung entschied anders, nämlich so, wie sie es im Dienste des Großen Geldes als ihre Aufgabe ansieht: Die Vermögenden brauchen keine Abgabe zu entrichten. Für Entschädigungen müssen die Steuerzahler aufkommen - jedoch erst vom Jahre 2004 an. Die Regierung Kohl plant die weitere Umverteilung von unten nach oben schon bis ins nächste Jahrhundert voraus.

In vielen Fällen waren westdeutsche Konzerne nur deswegen an der Übernahme ostdeutscher Betriebe interessiert, weil sie Konkurrenz ausschalten wollten. Bekanntestes Beispiel ist die Kaligrube Bischofferode. Das von den über 700 Bischofferöder Bergleuten geförderte, besonders hochwertige Kalisalz war international nachgefragt; bis zur Schließung der Grube Ende 1993 mußten Überstunden geleistet werden. Ein Kaufinteressent stand bereit, der sich gute Gewinne ausrechnen konnte. Doch der Ludwigshafener Chemie-Riese BASF, bei dem einst der Nachwuchspolitiker Helmut Kohl als Praktikant erste Erfahrungen hatte sammeln dürfen, setzte sich mit seinem Interesse an einem gesamtdeutschen Kali-Monopol durch.

Wirtschaftlich gestaltete sich die Eingliederung Ostdeutschlands in die Bundesrepublik, wofür sich Dr. Kohl so gern als Einheitskanzler feiern läßt, im wesentlichen als Eroberung des Marktes und Ausschaltung potentieller Konkurrenz in den neuen Bundesländern. Statt Sanierung rückständiger Teile der DDR-Wirtschaft Vernichtung von drei Vierteln des dortigen Industriepotentials, preisgünstige Aneignung interessanter Produktionskapazitäten und Immobilien, Privatisierung von Profiten, Verstaatlichung von Verlusten – alles zuverlässig praktiziert durch die Treuhandanstalt.

Die verheißenen Investitionen im Osten blieben in aller Regel aus. Das lag nicht etwa daran, daß es in Westdeutschland an Kapital gefehlt hätte, das in den »Neuen Ländern« hätte investiert werden können. Wie wir schon gesehen haben, hatte sich das Große Geld in den achtziger Jahren gewaltig vermehrt und Anfang der neunziger Jahre machte es noch größere Gewinnsprünge. Weil Jahr für Jahr viel mehr eingenommen als investiert wurde, staute sich Liquidität in einem früher unbekannten Ausmaß. »Das Liquiditätspolster der westdeutschen Produktionsunternehmen«, schrieb im Mai 1991 die Deutsche Bundesbank, sei »so reichlich bisher noch nie gewesen«. Aber die westdeutschen Konzerne hatten wenig Interesse, im Osten neue Betriebe zu errichten.

Ende 1993 legte der Paritätische Wohlfahrtsverband gemeinsam mit dem DGB erneut einen »Armutsbericht« vor, worin er vor allem die Lage in Ostdeutschland untersucht. Zur Treuhandpolitik heißt es dort: »Große Bedeutung für die Wirtschafts- und Beschäftigungsentwicklung in den neuen Bundesländern hatte die Politik der Treuhandanstalt; ihr kam nach dem Treuhandgesetz primär die Aufgabe zu, das volkseigene Vermögen der ehemaligen DDR zu privatisieren und zu verwerten nach den Prinzipien der sozialen Marktwirtschaft. Die bestehenden Unternehmen sollten so rasch als möglich zerschlagen und in Privateigentum überführt werden.« Dagegen sei es »weder ursprüngliches Ziel noch bisherige Praxis der Treuhand« gewesen, Betriebe »mit der Zielsetzung einer Erhaltung von Produktions- und Beschäftigungsstandorten« zu sanieren. Deswegen sei »ein Großteil der zum Zeitpunkt der Maueröffnung vorhandenen Arbeitsplätze inzwischen verlorengegangen«. Ergebnis: »Auf jeweils zwei Beschäftigte kommt derzeit in Ostdeutschland ein Erwerbsloser.«

1990, im Jahre des »Beitritts« der DDR zur Bundesrepublik Deutschland, hatte die Arbeitslosenquote in Ostdeutschland 1,3 Prozent betragen, zwei Jahre später war sie bereits auf 21,3 Prozent gestiegen, in den Bevölkerungsgruppen der Alleinerziehenden und der 46- bis 64jährigen sogar schon auf 25 Prozent. Die Zerschlagung von Betrieben betrifft in besonderem Maße auch die Jugendlichen, die sich um Ausbildungsplätze bewerben. 1992 fanden von den im Osten als Bewerber registrierten Jungen und Mädchen nur 58,7 Prozent einen betrieblichen Ausbildungsplatz – teilweise im Westen. Das Defizit vergrößerte sich 1993 dadurch, daß sich staatliche Subventionen für außerbetriebliche Ausbildungsplätze verringerten.

Alleinerziehende gab es in der ehemaligen DDR deutlich mehr als in Westdeutschland: 18 Prozent aller Familienhaushalte. Die Untersuchung des Paritätischen Wohlfahrtsverbands führt das zurück »auf zahlreiche soziale Erleichterungen und Vergünstigungen sowie die Tatsache, daß Alleinerziehende in ihrem Status gesellschaftlich akzeptiert waren« – was sich inzwischen gründlich geändert hat: »Im Zuge der Vereinigung ... haben sich die Rahmenbedingungen für Alleinerziehende im Osten deutlich verschlechtert, und das Risiko der gesellschaftlichen Ausgrenzung und Verarmung dieser Gruppe hat sich ebenso deutlich erhöht.«

Um zu illustrieren, wie tief Kohls Einheitspolitik gerade die Mütter in den neuen Ländern hat stürzen lassen, erinnert der Paritätische Wohlfahrtsverband in seinem Bericht an die Leistungen, auf die sie in der DDR Anspruch hatten: »So erhielten Mütter von zwei und mehr Kindern sowie Alleinerziehende einen zusätzlich bezahlten Hausarbeitstag pro Monat. Der Anspruch auf einen Schwangerschaftsurlaub betrug sechs Wochen vor und 20 Wochen nach der Geburt mit einem Einkommen in Höhe des Nettoverdienstes. Daneben konnte nach Geburt des ersten Kindes ein Babyjahr in Form bezahlten Urlaubs bei einer Unterstützung zwischen 65 und 90 Prozent des Nettoeinkommens genommen werden - nach Geburt des dritten Kindes und der folgenden Kinder sogar eineinhalb Jahre und bis zu drei Jahren, wenn das Kind nicht versorgt werden konnte oder krank war. Unabhängig von einer Freistellung wurde den Frauen pro Kind ein Jahr bei der Rentenversicherung angerechnet, ab dem dritten Kind erhöhte sich die Zurechnungszeit auf drei Jahre pro Kind. Für die Betreuung kranker Kinder waren je nach Familienstand und Kinderzahl vier bis maximal dreizehn Wochen bezahlter Freistellungsurlaub pro Jahr möglich. Zur finanziellen Entlastung von Familien und alleinstehenden Müttern trugen weitere Leistungen bei, wie ein im Vergleich zur BRD deutlich höheres Kindergeld, Unterhalts- und Ausbildungsbeihilfen und eine Geburtenbeihilfe in Höhe von 1000 Mark. Studierende Mütter hatten Anspruch auf umfassende Unterstützung unter anderem bei der Wohnraumversorgung und Kinderbetreuung. VertreterInnen von Familienverbänden gehen davon aus, daß in der DDR 75 bis 80 Prozent aller Kosten, die ein Kind von der Geburt bis zum 18. Lebensjahr verursacht, von Staat und Gesellschaft getragen wurden - gegenüber maximal einem Viertel in der BRD. Gleichzeitig stand ein umfassendes, hochsubventioniertes und damit für die Mutter kostenloses Angebot staatlicher Kinderbetreuung bei täglichen Öffnungszeiten zwischen neun und zwölf Stunden zur Verfügung, das bereits in der zehnten Lebenswoche ansetzte und je nach Alter zwischen 81 und 94 Prozent der Kinder erfaßte ...« Hinzu kamen noch ein spezieller Kündigungsschutz für Alleinerziehende und manche weiteren Vergünstigungen.

Obwohl Dr. Kohl und sein Sozialminister Dr. Blüm immer gern das Wort »Familie« im Munde führen, hatten sie für solche Errungenschaften nichts übrig und sorgten für deren Beseitigung.

Von den Ende 1989 in der DDR ausgewiesenen 340 000 alleinerziehenden Müttern war schon Ende 1991 jede sechste ohne Erwerbsarbeit. Das früher in der DDR unbekannte Dilemma, sich zwischen Beruf und Kind entscheiden zu müssen, und die nun rasch angestiegenen Kosten von Mutterschaft und Kinderbetreuung führten laut Armutsbericht zu einer eindeutigen Reaktion: »Frauen entscheiden sich mit zunehmender Tendenz gegen Kinder. Die Geburtenrate sank zwischen 1989 und 1991 um die Hälfte. Sterilisationen stiegen sprunghaft an; ihr Nachweis stellt im Kampf um die raren Arbeitsplätze offensichtlich einen Konkurrenzvorteil dar.« Wie verträgt sich das mit den ständigen Bekenntnissen der CDU/CSU zum Schutz der Familien, mit ihren wütenden Attacken gegen die unter Willy Brandts Kanzlerschaft eingeführte Liberalisierung des § 218 (Schwangerschaftsabbruch)? Die Antwort ist einfach: Für die Unionschristen endet die Fürsorgepflicht des Staates an der Kasse, und Unternehmerinteressen haben stets Vorrang vor denen der Lohnabhängigen.

Wegen der unzureichenden Förderung von Familien mit Kindern steigt in Deutschland die Kinderarmut steil an. Der »Armutsbericht« weist für 1992 für Westdeutschland den Anteil der in Armut lebenden Kinder unter 16 Jahren mit 11,8 Prozent, in Ostdeutschland mit 21,9 Prozent aus. Als »wohnraumunterversorgt« registriert er 33,2 Prozent aller westdeutschen und 39,1 Prozent aller ostdeutschen Kinder und Jugendlichen und resümiert: »Kindheit, insbesondere in größeren Familien, ist in beiden Teilen der Bundesrepublik mit einem außerordentlichen Armutsrisiko verknüpft.« Jedesmal, wenn Kohl und Blüm mit reichlich Spucke das Wort »Familje« über die Lippen bringen, sollen wir ihnen diese Feststellung entgegenhalten.

»Die Chance, im Zuge der Sozialunion eine umfassende Sozialreform einzuleiten, um die jeweiligen Stärken der beiden Systeme sozialer Sicherung zu erhalten und die vorhandenen Defizite zugunsten eines umfassenderen und höheren Sicherungsniveaus zu korrigieren, ist aus politischen Gründen nicht genutzt worden«, beklagt der Armutsbericht. Und er zählt vieles auf, was in Ostdeutschland günstiger geregelt war als in Westdeutschland: Armut in dem Sinne, daß arm ist, wer weniger als die Häfte des Durchschnittseinkommens erhält, habe es in der DDR wegen der gleichmäßigen Verteilung der Einkommen auf niedrigem Niveau nicht gegeben, zumal die Güter des Grundbedarfs stark subventioniert waren. In DDR-Zeiten habe man zwar verdeckte Wohnungsnot gekannt, aber keine offene Obdachlosigkeit. Nur neun Prozent der Erwerbstätigen in der DDR hätten keinen Ausbildungsabschluß gehabt (gegenüber 19 Prozent in Westdeutschland). »Behinderte Menschen waren in der DDR über verschiedene Schutzvorschriften wesentlich stärker in das Alltagsleben integriert, als es die Bestimmungen des bundesdeutschen Schwerbehindertengesetzes verlangen ... Die deutsche Einigung ging für behinderte Menschen mit einer schlagartigen Ausgrenzung aus dem Arbeitsleben einher.« Hinzu kämen jetzt soziale Diskriminierungen und eine »eklatante Verschlechterung« im Rentenrecht der Behinderten.

Pflegebedürftige hatten in der DDR einen individuellen Anspruch auf Pflegegeld, den sie durch die Vereinigung verloren. Pflegeheimaufenthalt und medizinische Betreuung waren gratis. Jetzt müssen die Pflegebedürftigen selbst zahlen. Der Weg ins Heim ist für die meisten ein Weg in die Sozialhilfe. Das bedeutet auch, daß Angehörige finanziell herangezogen werden – »ein gravierender Bruch für ostdeutsche Pflegebedürftige und ihre Angehörigen nach über 40 Jahren prinzipieller Kostenfreiheit im Gesundheitssystem«. Was Pflegebedürftigen nach der Währungsunion auf ihren Sparbüchern verblieben war, wurde ihnen von den Sozialhilfe-Behörden bis auf einen Restbetrag genommen. Weitgehend zerschlagen wurden die Strukturen der »Volkssolidarität«, einer in der DDR staatlich geförderten Organisation, die mit 6500 Gemeindeschwestern, vielen weiteren hauptamtlichen und rund 200 000 ehrenamtlichen Kräften vor allem für die ambulante Betreuung von

Pflegebedürftigen zuständig war und zum Beispiel für symbolische 50 Pfennig am Tag denjenigen Essen brachte, die nicht selbst kochen konnten. Wegen Auslaufens von Arbeitsbeschaffungsmaßnahmen sind jetzt auch die rund 1000 Altenklubs in Ostdeutschland in ihrem Bestand gefährdet.

Viel schneller als die Angleichung der Einkommen (1992 betrug das durchschnittliche Einkommen pro Person in einem Ost-Haushalt 59,3 Prozent im Verhältnis zum Westen) vollzog sich die Angleichung der Mietpreise: Allein im Jahre 1991 stiegen die Mieten im Osten um das 3,5- bis Vierfache. Inzwischen setzte sich der Anstieg fort - einzig aus Spekulationsgründen, nicht etwa zum Ausgleich für Modernisierungsmaßnahmen, die bisher meist unterblieben. Wegen auflaufender Mietschulden kommt es zu vielen Räumungsklagen. So waren allein in Magdeburg Anfang 1993 rund 1900 Räumungsklagen anhängig. Obdachlosigkeit entsteht laut Armutsbericht vielfach auch durch rabiate Methoden alter oder neuer Hausbesitzer, die bestrebt sind, Wohnungen zu »entmieten«. Notwendige Verbesserungen des Wohnungsbestands scheiterten bisher auch am Prinzip »Rückgabe vor Entschädigung«; in etwa einer Million Fälle waren 1993 die Besitzverhältnisse noch nicht geklärt, die überforderten Gerichte und Behörden werden damit wohl noch Jahre beschäftigt sein.

Als psychosoziale Folgen dieser Entwicklung nennt der Armutsbericht des Paritätischen Wohlfahrtsverbands und des DGB: Wachsende Verunsicherung, Empfindung von Nichtgebrauchtsein und Leere; Gefühle des Ausgeliefertseins und der eigenen Ohnmacht; sich ausdehnende Hoffnungslosigkeit und Sinnlosigkeit; sich verfestigende seelische Probleme (Schlafstörungen); Rückzug ins Private und zunehmende politische Uninteressiertheit; Empfinden eines grundlegenden Statusverlustes; sich einstellende Inaktivität und zunehmende Neigung zum Alkoholkonsum. Auffällig seien zudem verstärkt auftretende Gesundheitsstörungen als Reaktion auf soziale und kulturelle Ausgrenzung. (Auch Kinokarten verteuerten sich rasch um 700 Prozent und wurden für viele unerschwinglich.)

Das Versprechen des Kanzlers Dr. Kohl, daß es niemandem schlechter gehen werde, erwies sich bald nach der von ihm gewonnenen Bundestagswahl vom Dezember 1990 als hohl. Um so größer waren die Hoffnungen, nach einer Übergangszeit von allenfalls drei oder vier Jahren werde es allen Ostdeutschen besser gehen. Doch auch diese Hoffnung erfüllte sich nicht. Im Gegenteil: Für beträchtliche Teile der Bevölkerung ist ein Ende der Abwärtsentwicklung nicht absehbar. Im Armutsbericht von Ende 1993 heißt es dazu: »In einer Vielzahl von Lebensbereichen droht die Versorgung in den neuen Bundesländern weit hinter den im Westen der Republik vorhandenen Standards zurückzubleiben. Dies gilt vorrangig für die Versorgung im Arbeitsmarkt- und Beschäftigungssystem. Dies gilt jedoch auch für die Versorgung mit Bildungsgütern, mit Wohnungen und mit Sozial- und Gesundheitsdienstleistungen.« Kommunale Kostenträger seien »aufgrund ihrer prekären Haushaltssituation kaum in der Lage, die laufenden Kosten für die soziale Infrastruktur vor Ort zu bestreiten«. Die Autoren des Armutsberichts zitieren Prognosen, wonach eine Angleichung der Lebensverhältnisse zwischen Ost und West noch einen Zeitraum von »mindestens zehn Jahren« erfordern wird. Sie selbst halten es für »offen, ob eine solche Angleichung tatsächlich stattfinden oder ob das Beitrittsgebiet nicht vielleicht über einen längeren Zeitraum eine Armutsregion im vereinten Deutschland bleiben wird«.

Halten wir fest: Als sich Bürgerinnen und Bürger der DDR lange entbehrte Freiheiten erkämpften, als das SED-Regime zusammenbrach, als das üble Spitzelsystem des Staatssicherheitsdienstes beseitigt wurde, da handelten die Ostdeutschen souverän, und der westdeutsche Kanzler hatte außer Sprüchen wenig beizutragen. Die Einheit aber inszenierte er dann – nicht ohne ostdeutsche Helfer, namentlich den Staatssekretär Günther Krause, der später zur Belohnung zeitweilig Bundesverkehrsminister sein durfte – als großen Volksbetrug. Betrogen und gedemütigt stehen jetzt nicht nur Millionen Ostdeutsche da, sondern für materielle und politische Kosten müssen mehr und mehr auch die Westdeutschen aufkommen, nicht die Reichen, die noch viel reicher wurden, sondern die Armen. Was der »Einheitskanzler« angerichtet hat, ist die tiefe soziale *Spaltung* Deutschlands.

Mit den »Solidarpakt«-Beschlüssen von 1993, deren Inhalt so zynisch ist wie der Name, und mit den »Spar- und Konsolidierungsbeschlüssen« für 1994 wurde zu Lasten der Armen in ganz Deutschland tief in die Leistungen des Arbeitsförderungs- und des Sozialhilfegesetzes eingegriffen. Kürzungen des Arbeitslosengeldes und der Arbeitslosenhilfe, des Kurzarbeiter- und des Schlechtwettergeldes, Verteuerungen für die Kranken und andere Zumutungen treiben, wie der Präsident des Verbandes der Kriegs- und Wehrdienstopfer, Behinderten und Sozialrentner Deutschlands (VdK), Walter Hirrlinger, feststellte, erneut »hunderttausende Menschen und deren Familien in die Armut«; diese Maßnahmen seien deshalb »sozial unverantwortlich«. Der Deutsche Kinderschutzbund wies zu Jahresbeginn 1994 darauf hin, daß in Deutschland inzwischen schon eine halbe Million Kinder in Obdachlosen-Unterkünften leben. Das Resümee im Armutsbericht des Paritätischen Wohlfahrtsverbands und des DGB lautet: Die von der Regierung Kohl favorisierte wirtschaftsliberale Strategie der Lastenverteilung bedeute, »daß die Lasten allein von den Arbeitnehmern und Sozialleistungsempfängern übernommen werden müssen«. Nach einem Jahrzehnt der Umverteilung zu Lasten der sozial Schwächsten nehme die Zahl der Armen im Westen unverändert zu, und die derzeitige Wirtschafts- und Sozialpolitik laufe »darauf hinaus, daß heute und in den kommenden Jahren die Lasten der Vereinigung vorrangig zwischen den Armen im Westen und im Osten geteilt werden«. Daher sei es »kaum verwunderlich, daß die Politikverdrossenheit in der Bevölkerung zunimmt«. Obwohl »das neue Gesamtdeutschland eines der reichsten Länder der Erde« sei, könne diese Politik zur Folge haben, »daß die soziale und politische Stabilität der Bundesrepublik in den neunziger Jahren ernsthaft gefährdet wird«.

Das Große Geld aber wurde bestens bedient: Es konnte sich in Ostdeutschland alles und jedes aneignen, was ihm brauchbar erschien; es konnte die dortigen Absatzmärkte in Besitz nehmen; es konnte seine Gewinne sprunghaft steigern; und in engem Zusammenwirken mit der Regierung des Dr. Helmut Kohl konnte es die wachsende Verängstigung vieler Menschen auch noch zum Abbau zahlreicher, in früheren Jahrzehnten mühsam erkämpfter Arbeitnehmer- und Bürgerrechte nutzen.

Erstmals in der Geschichte der Bundesrepublik gelang es den Metall-Industriellen, einen geltenden Tarifvertrag auszuhebeln. Mit »Öffnungsklauseln« soll das gesamte Tarifrecht zum Einsturz gebracht, die Gewerkschaftsbewegung entmachtet werden. Mit sogenannten »Beschleunigungs-«, »Vereinfachungs-« und »Entlastungsgesetzen« schränkte die von Kohl geführte Bonner Koalition wesentliche Mitspracherechte der Bürgerinnen und Bürger ein, so daß jetzt über die Köpfe von Betroffenen hinweg äußerst zweifelhafte, umweltgefährdende Großprojekte, beispielsweise in der Gentechnik, verwirklicht werden können. Zur Begründung müssen immer wieder die »deutsche Einheit« oder der »Standort Deutschland« herhalten. Das »Standortsicherungsgesetz« und weitere, angeblich aus nationalen Interessen notwendige Beschlüsse tun ein übriges, um die Reichen und Superreichen im Lande von sozial- und rechtsstaatlichen Fesseln zu befreien.

Der Verantwortung für die Folgen dieser Politik entledigt sich der Bund aufs vornehmste, indem er sie an die Kommunen delegiert. Deren Sache ist es dann, für die explodierende Zahl von Sozialhilfe-Abhängigen zu sorgen. In finanzieller Bedrängnis unter zunehmendem Schuldendruck schließen die Kommunen jetzt Theater, Büchereien und Schwimmbäder, erhöhen Kindergarten-Beiträge der Eltern ins Unbezahlbare oder führen Gebühren fürs Betreten von Parkanlagen ein. Was kümmert's die Reichen? Sie haben private Schwimmbäder und können rasch nach Mailand oder Monte Carlo fliegen, um dort in die Oper zu gehen.

Was wir von Kohl noch alles zu erwarten haben – und wie wir es verhindern können

»Diese neue Regierung ist notwendig geworden, weil sich die alte, die bisherige Regierung als unfähig erwies, gemeinsam die Arbeitslosigkeit zu bekämpfen, das Netz sozialer Sicherheit zu gewährleisten und die zerrütteten Staatsfinanzen wieder in Ordnung zu bringen.« So begründete Dr. Helmut Kohl, nachdem er durch den Wortbruch der FDP Kanzler geworden war, die damalige »Wende«. Mehr als ein Jahrzehnt später ist die Massenarbeitslosigkeit zur Dauerplage geworden, die sich immer weiter ausbreitet. In das Netz sozialer Sicherheit hat die Regierung des Großen Geldes ein Loch nach dem anderen gerissen, so daß mehr und mehr Menschen hindurchfallen. Und die Staatsfinanzen sind so zerrüttet, daß noch Generationen zu schuften haben werden, um den gigantischen Schuldenberg abzutragen.

Daß eine neue Regierung notwendig geworden ist, wird jetzt auch in Kreisen der Wirtschaft erörtert – und zwar im Zusammenhang mit den Folgen der Rezession, die 1992/93 viele mittelständische Unternehmen in rote Zahlen oder ganz in den Ruin gestürzt hat.

Die Krise gehört zum Kapitalismus wie die Konjunktur. Beide lösen sich regelmäßig ab. In der Rezession macht das Große Geld jedesmal reiche Beute; denn was die kleinen und mittleren Unternehmer aufgeben müssen, krallen sich die großen. Die jeweilige Regierung ist an der Tatsache zyklischer Krisen unschuldig. Insofern müssen wir ausdrücklich auch die Regierung des Dr. Helmut Kohl in Schutz nehmen. Doch damit sich der Zorn des Mittelstandes nicht etwa gegen das Große Geld richtet, muß in Krisenzeiten die jeweilige Regierung als Sündenbock herhalten. Daher droht Kohl jetzt auch Gefahr aus den Kreisen, denen er immer treu gedient hat.

In der ersten schweren Wirtschaftskrise der Bundesrepublik 1965/66 mußte der damalige Bundeskanzler Ludwig Erhard abtreten, in der sogenannten »Ölkrise« 1972/73 Willy Brandt, für die Krise 1981/82 wurde Helmut Schmidt verantwortlich gemacht. Ist jetzt, infolge der vierten Wirtschaftskrise seit Gründung der Bundesrepublik, Helmut Kohl an der Reihe? Notfalls werden seine Auftraggeber ihn fallenlassen. Aber nicht deswegen, weil sie mit seiner Politik nicht mehr einverstanden wären - im Gegenteil: Für sie ist die Hauptsache, daß Kohls Politik weitergeführt wird, notfalls auch ohne Kohl.

Die Opfer dieser Politik hingegen hätten davon nur weiteren Schaden. In ihrem Interesse kommt es also hauptsächlich darauf an, daß in Bonn endlich eine grundlegend andere Politik eingeleitet wird: eine Politik, die auf soziale Gerechtigkeit orientiert ist, auf mehr Demokratie, auf Schutz der Menschenrechte und Schutz der natürlichen Lebensgrundlagen.

Mit einem bloßen Austausch des Personals in Bonn ist es nicht getan. Er ist ohnehin längst im Gange. Immer schneller dreht sich das Personalkarussell. Insgesamt 20 Minister sind seit 1982 aus den von Helmut Kohl geführten Bundeskabinetten vorzeitig ausgeschieden. Anfangs geschah das selten, inzwischen immer häufiger. 1992 traten vier Minister zurück, 1993 fünf, darunter Jürgen Möllemann (FDP) nach seiner Briefbogenaffäre und Günther Krause (CDU) nach seinen diversen Autobahnbau-, Raststättenkonzessions-, Umzugs- und Putzfrauenaffären.

Auch in den unionsgeführten Länderregierungen - in Westdeutschland sind es noch zwei, in Ostdeutschland (Berlin eingeschlossen) fünf - bröckelt es. Bayerns Ministerpräsident Max Streibl (CSU) stolperte über die Amigo-Affäre. In Baden-Württemberg mußte Lothar Späth unter dem Verdacht der Bestechlichkeit abtreten, und sein Nachfolger mußte, weil die FDP bei der Landtagswahl durchfiel, mit der SPD koalieren. Späth wurde dann zum Trost ähnlich wie sein abgewählter niedersächsischer Amtskollege Ernst Albrecht von der Treuhandanstalt mit dem Aufsichtsratsvorsitz eines früher volkseigenen Unternehmens betraut. In Sachsen konnte sich der Schwiegersohn von Konsul Dr. Fritz Ries, Prof. Dr. Kurt Biedenkopf, als

Ministerpräsident fest etablieren. Aber in Thüringen, Mecklenburg-Vorpommern und Sachsen-Anhalt sah sich die CDU schon nach kurzer Zeit zur Auswechslung der von ihr gestellten Regierungschefs gezwungen, in Sachsen-Anhalt inzwischen sogar zweimal. Beim zweiten Male mußte gleich das ganze Kabinett umgebildet werden. Mehrere westdeutsche CDU- und FDP-Politiker, die in Magdeburg als Minister eingesetzt worden waren, um die »Ossis« fachmännisch in demokratische Rechtsstaatlichkeit einzuüben, hatten zusätzlich zu ihren offiziellen Amtsbezügen »Besitzstandswahrung« beansprucht und zu diesem Zweck unter anderem frühere Eisenbahnfreikarten, Tagegelder, Aufsichtsratstantiemen, Vortragshonorare, steuerfreie Kostenpauschalen oder den Geldwert der Gratisbenutzung eines Dienstwagens anrechnen lassen. So hatte sich zum Beispiel der frühere Fachhochschullehrer und Europaparlamentarier Werner Münch aus dem niedersächsischen Vechta zum Spitzenverdiener hochgerechnet - so dreist, daß er sich, als der Landesrechnungshof nachzurechnen begann, nicht mehr im Amt halten konnte. Eine Schlüsselrolle in der Zulagen-Affäre spielte der Staatssekretär im Magdeburger Finanzministerium, Eberhard Schmiege, den Münch dort eingesetzt hatte. Bis 1990 hatte Schmiege unter Ministerin Birgit Breuel die Haushaltsabteilung des niedersächsischen Finanzministeriums geleitet. Kaum waren diverse Minister ausgewechselt - abtreten mußte zum Beispiel Sozialminister Werner Schreiber, Bundesvorsitzender der CDU-Sozialausschüsse, der an sich selbst besonders sozial gedacht hatte -, da stellte sich heraus, daß auch Schmiege und die anderen dreizehn Staatssekretäre stattliche »Amtszulagen« kassiert hatten.

Solche Affären ließen sich propagandistisch allzu schlecht mit Bescheidenheits-, Spar-, Opfer- und Solidaritätsappellen der »Wende«-Koalition an die Bevölkerung vereinbaren. Auch arglose, gutgläubige bisherige CDU-Wählerinnen und -Wähler schärften inzwischen ihr Gehör für die zynischen Untertöne in Kohl-Reden. Beispiel: die Rede des Kanzlers am 21. Oktober 1993 im Bundestag, die nur als Verhöhnung der Opfer seiner Politik, der nunmehr (ohne statistische Tricks gerechneten) mehr als fünf Millionen Arbeitslosen, verstanden werden konnte. »Wir können die Zukunft nicht dadurch sichern, daß wir unser Land als einen kollektiven Freizeitpark organisieren«, tönte Dr. Kohl. Zugleich propagierte der Chef der »Wende«-Koalition die Rückkehr zur 40-Stunden-Woche und die Abschaffung von zwei Feiertagen. Beides zusammengenommen würde die Arbeitslosenzahl in Deutschland nochmals um nahezu eine Million hochschnellen lassen.

Der Eiserne Kanzler des Großen Geldes hat zur Genüge gezeigt, wie man einen Staat ruiniert. Er ist reif zur Ablösung, die aber schwerlich gelingen kann, wenn viele Wählerinnen und Wähler verbittert zu Hause bleiben, und besonders gefährlich würde es, wenn sie ihr Heil rechtsaußen suchen würden. Notwendig ist jetzt eine selbstbewußte Antwort des betrogenen Volkes.

Um es zu einem solchen demokratischen Urteil nicht kommen zu lassen, versuchen die Bonner Regierenden und ihre Hintermänner mit Hilfe ihres Propaganda-Apparats, die Wählerinnen und Wähler irrezuführen und einzuschüchtern. Experten dafür sind der CDU/CSU-Fraktionsvorsitzende im Bundestag, Wolfgang Schäuble, Innenminister Manfred Kanther, Finanzminister Theo Waigel und ihre Verbündeten in der Springer-Presse. Nach der Methode »Haltet den Dieb!« wollen sie Angst und Zorn, die sich in der Bevölkerung angestaut haben, ausgerechnet auf diejenigen Menschen lenken, die schon ganz unten gelandet sind, auf die Opfer, denen es am schlechtesten geht, auf die Sozialhilfeempfänger, die pauschal verdächtigt werden, Sozialleistungen zu mißbrauchen, auf die mit ihrer dürftigen Habe in Häusernischen kampierenden Obdachlosen, denen vorgeworfen wird, sie störten das Stadtbild, auf Ausgegrenzte, die im Alkohol letzte Zuflucht suchen, oder auf Ausländer. Beispiel: die generalstabsmäßig geplante Kampagne des zeitweiligen CDU-Generalsekretärs (jetzt Bundesverteidigungsministers) Volker Rühe gegen das Asylrecht.

Als die sozialen Folgen der hastigen DDR-Vereinnahmung spürbar wurden, luden die CDU/CSU und die publizistischen Wegbereiter ihrer Politik, zu denen an erster Stelle der Springer-Konzern gehört, den Asylbewerbern die Schuld auf. Wohnraum wurde knapp – am wenigsten durch Asylbewerber, weit mehr durch Aussiedler und Übersiedler, die jetzt nicht mehr Übersiedler genannt und überhaupt nicht mehr registriert werden (aber es sind immer noch jährlich Hunderttausende), am meisten aber durch die katastrophale Bonner Wohnungspolitik, die immer mehr Wohnraum von unten nach oben umverteilt. Dieses soziale Problem wurde nun ins Nationalistische gedreht. Springers BILD-Zeitung beteiligte sich daran mit Schlagzeilen wie »Miethai kündigt Deutschen für Asylanten«. Man bedenke, daß BILD gewöhnlich nicht dazu neigt, Hausbesitzer als Miethaie zu bezeichnen. In diesem Zusammenhang aber geschah es als Mittel zum Zweck: die Leserinnen und Leser zu ängstigen, eine Verdrängung durch Flüchtlinge als akute Bedrohung vorzuspiegeln und auf solche Weise Aggressionen anzustacheln.

Im Sommer und Herbst 1991 brachte dieses Blatt (gedruckte Auflage: etwa fünf Millionen Exemplare) eine Serie über »Die Asylanten«. Dort war beispielsweise zu lesen: »Stellen Sie sich diesen Fall vor: Ein Mann klingelt bei Ihnen, möchte hereinkommen. Der Mann sagt, daß er mächtige Feinde habe, die ihm ans Leben wollen. Sie gewähren ihm Unterschlupf. Doch schnell stellen Sie fest: Der Mann wurde gar nicht verfolgt, er wollte nur in Ihrem Haus leben. Und: Er benimmt sich sehr, sehr schlecht. Schlägt Ihre Kinder. Stiehlt Ihr Geld. Putzt sich seine Schuhe an Ihren Gardinen. Sie würden ihn gerne los. Sie werden ihn aber nicht los. Deutsche Asyl-Wirklichkeit 1991.«

Parallel zur BILD-Serie, mit gleicher Stoßrichtung setzte Rühe seine Kampagne in Gang. Er schrieb an alle Untergliederungen der CDU: »Ich bitte Sie, in den Kreisverbänden, in den Gemeinde- und Stadträten, den Kreistagen und Länderparlamenten die Asylpolitik zum Thema zu machen und die SPD dort herauszufordern.« Rühe lieferte mit diesem Rundschreiben Argumentationsleitfäden, Vorlagen für Anträge und Anfragen in Kommunal- und sonstigen Parlamenten sowie eine Muster-Presseerklärung. Zum Beispiel sollte landauf, landab gefragt werden, ob Asylbewerber etwa in Hotels untergebracht seien, was das kosten könne und ob Ausländer womöglich zuviel staatliche Unterstützung in Anspruch nähmen und so weiter.

Der SPD-Vorstand prangerte diese Kampagne in einer überzeugenden Broschüre an. Unter der Überschrift »Grundrecht auf Asyl. Das anständige Deutschland zeigt Flagge« hieß es am Schluß der Broschüre: »Einer Änderung des Grundgesetzes stimmt die SPD nicht zu.« Doch nach einigen Monaten gab der Parteivorstand der Sozialdemokraten der Kampagne nach. Die Broschüre wurde nicht weiterverbreitet. Ein Teil der SPD-Fraktion im Bundestag stimmte der Grundgesetzänderung zu und verhalf ihr damit zur Zweidrittelmehrheit.

Die Kampagne hatte noch einen zweiten Effekt, den der Präsident des Bundesamtes für Verfassungsschutz, Eckart Werthebach, folgendermaßen beschreibt: »Hier wurde ein Acker bestellt, auf dem der Rechtsextremismus seine fremdenfeindliche Ernte noch auf geraume Zeit einfahren wird« (»Die Welt«, 30. November 1993). Das ist offenkundig: Die Propaganda für die Aushebelung von Grund- und Menschenrechten ermunterte Neonazis zur Gewalt. Nach Angaben des Vorsitzenden der Vereinigung »Gegen Vergessen – für Demokratie«, Hans Jochen Vogel, kamen innerhalb von gut zwei Jahren bis Herbst 1993 durch 4761 rechtsextremistische Gewalttaten in Deutschland 26 Menschen ums Leben und 1783 wurden verletzt. 1281mal wurden Anschläge auf Asylbewerber-Wohnungen verübt, 209mal auf jüdische Einrichtungen, 13mal wurden KZ-Gedenkstätten geschändet (»Die Zeit«, 5. November 1993).

Den Kanzler der »geistig-moralischen Erneuerung« kümmerte das wenig. Neonazi-Aufmärsche wie in Rostock und Fulda, auch die Ermordung türkischer Frauen und Kinder in Mölln und Solingen durch neonazistische Brandstifter tat er ab, als wären sie kaum der Erwähnung wert. Von den Orten der Untaten hielt er sich fern, und er vermied es auch, an den Trauerfeiern teilzunehmen, was er durch seinen Regierungssprecher damit begründen ließ, daß er »Beileidstourismus« ablehne. (Bei Trauerfeiern für ermordete Industriemanager hatte er nie gefehlt, auch nicht bei der Trauerfeier für einen in Kambodscha ermordeten Bundeswehr-Feldwebel, und der pathetische Staatsakt, zu dem er den damaligen US-Präsidenten Ronald Reagan vor den Gräbern von SS-Männern auf dem Friedhof von Bitburg nötigte, erregte Aufsehen in aller Welt.)

Systematisch bemühte sich die Bundesregierung, den Rechtsextremismus herunterzuspielen. So verbreitete das Bundesinnenministerium eine Studie unter dem Titel »Hat Rechtsextremismus in Deutschland eine Chance?« Sie kam zu dem Ergebnis, »daß Rechtsextremismus in Deuschland bedeutungslos ist«. Seine Bedeutung, so hieß es dort, »scheint nur in den Vorstellungen seiner Gegner zu liegen«. Das »rechtsextremistische Schreckbild« diene den Antifaschisten als Mittel zur Destabilisierung der Demokratie, erfuhr man aus der Bonner Publikation. Zu einem Zeitpunkt, als die Blutspur des braunen Terrors gegen Flüchtlinge, aber auch gegen Behinderte und andere Minderheiten längst nicht mehr zu übersehen war, suggerierte die Studie (Verfasser: Prof. Dr. H. H. Knütter), der Rechtsextremismus sei kaum mehr als eine bloße Behauptung der Antifaschisten, die eigentliche Gefahr liege im Antifaschismus. Ähnlich leugnete Generalbundesanwalt Alexander von Stahl (FDP), bevor er über einen Wust von Widersprüchen bei der Verfolgung mutmaßlicher RAF-Terroristen stolperte, beharrlich jeden organisierten Terror von rechts und unterließ deswegen auch dessen Bekämpfung, obwohl in Neonazi-Gruppen längst steckbriefartige Dossiers über Gewerkschafter, Grüne, Jungsozialisten und andere Antifaschisten kursierten.

Den Kanzler selbst, der seinen Aufstieg den einstigen Nazis Dr. Ries, Dr. Schleyer und Dr. Taubert verdankt, interessiert die Bedrohung von rechts überhaupt nicht. Vor Herausforderungen, sich ernsthaft mit der Nazi-Vergangenheit auseinanderzusetzen, schützt er sich mit der »Gnade der späten Geburt«. Den Opfern des von seinen Mentoren mitbetriebenen staatlichen Terrors versagt er ehrendes und mahnendes Gedenken, indem er sie – wie bei der Neugestaltung der »Alten Wache« unter den Linden in Berlin – einfach unter die »Opfer von Krieg und Gewaltherrschaft« subsumiert. Zu solchem Gedenken können dann auch die Traditionsverbände von SS und Ritterkreuz-Orden aufmarschieren.

Zu den »Republikanern« des ehemaligen Waffen-SS-Mannes Franz Schönhuber, zur Deutschen Volks-Union (DVU) des schwerreichen Münchener Verlegers (»Deutsche National-Zeitung«) und Immobilienspekulanten Dr. Gerhard Frey und zu anderen Rechtsaußen-Gruppen haben CDU und CSU manche untergründigen Beziehungen. Gelegentlich deckt Frey sie nach dem Tode von Verbindungsmännern auf, denen er dann stolze Nachrufe widmet wie dem einstigen bayerischen Kultusminister und Verfassungsrechtslehrer Prof. Dr. Theodor Maunz (CSU) oder dem ehemaligen Geheimdienst-Chef Reinhard Gehlen. In eigens gegründeten Akademien, Foren oder in Zeitschriften wie »Mut« kommunizieren CDU/CSU-Rechte und Ultrarechte miteinander. Wer mit wem gemeinsame Sache macht und gegen wen, ist da längst keine Frage mehr. Michael Glos, Vorsitzender der CSU-Landesgruppe in Bonn, sagt es so: »Die linksradikale PDS und die Grünen sind eine größere Gefahr für unser Land als die Republikaner und die Rechten.« Ein Neonazi-Führer wie der Hamburger Christian Worch macht sich solche Ermunterungen sofort zunutze und leistet seinerseits Unterstützung. In einem Aufruf für den sächsischen Justizminister Steffen Heitmann (CDU), den Kohl für das Amt des Bundespräsidenten nominiert hatte, schrieb Worch: »Wer will uns wegen unserer strikten Einstellung zum Ausländer- und vor allem Asylantenproblem noch als ›Verfassungsfeinde‹ und ›extremistische Minderheit‹ disqualifizieren, wenn zumindest Ansätze unserer Vorstellungen selbst vom ersten Mann im Staate öffentlich verbreitet werden?«

Wenn CDU/CSU-Politiker den »starken Staat« propagieren, also den Abbau von Bürgerrechten (zum Beispiel durch die Ermächtigung des Staates zur Verwanzung von Privaträumen, die nicht dadurch harmloser wird, daß ihr jetzt auch Sozialdemokraten zustimmen), und wenn der CDU/CSU-Fraktionsvorsitzende im Bundestag, Wolfgang Schäuble, vor Weihnachten 1993 sogar vorschlägt, bei einer »größeren Sicherheitsbedrohung im Innern« die Bundeswehr einzusetzen (es gehe darum, durch eine entsprechende Grundgesetzänderung »das Haus wetterfest zu machen«, erläuterte Schäuble), wenn schließlich der Kanzler und sein jetziger Bundesverteidigungsminister Volker Rühe immer offener für die Beteiligung deutscher Truppen an Militäraktionen eintreten, die mit dem Verfassungsauftrag der Bundeswehr zur Landesverteidigung nichts zu tun haben, dann ist das alles ganz im Sinne der Ultrarechten.

Frühere Bonner Bekenntnisse zur Friedensstaatlichkeit sind immer leiser geworden. Das Rüstungsgeschäft hat sich unter der Kanzlerschaft von Helmut Kohl kräftig weiterentwickelt und ist auch nach dem Ende der Sowjetunion und des Warschauer Paktes, die bis dahin als einzige Bedrohung der Bundesrepublik und als alleinige regierungsamtliche Begründung für Bundeswehr und Rüstungsausgaben gegolten hatten, nicht zum Erliegen gekommen. Daimler-Benz gehört zwar nicht mehr zum Flick-Konzern, aber auch jetzt, unter der Regie der Deutschen Bank, dringt dieses Unternehmen weiterhin auf Bonner Milliarden für Projekte wie den »Jäger 90«, inzwischen umbenannt in »Eurofighter 2000«. Deutsche Waffen im Werte von mehreren Milliarden Mark werden seit Jahren zum Beispiel an die Türkei und an Indonesien geliefert, wo das Militär sie zur blutigen Unterdrückung und Ausrottung nationaler Minderheiten verwendet.

Laut UN-Waffenregister geht weltweit der Waffenhandel seit einigen Jahren zurück, die deutschen Waffenexporte dagegen nehmen zu. In dieser Branche ist Deutschland an die zweite Stelle nach den USA aufgerückt. Beim Export von Waffensystemen zur Landkriegführung (großkalibrige Artillerie, Panzer und gepanzerte Kampffahrzeuge) führt Deutschland in Stückzahlen etwa ebenso viel aus wie Rußland, Frankreich, Großbritannien und China zusammengenommen. Bei Raketen und Raketenwerfern nimmt es bereits die Spitzenstellung ein.

Mit 18 Milliarden Mark beteiligte sich die – auf sozialem Gebiet so sparsame – Bundesregierung am Golf-Krieg, mit dem der zeitweilige US-Präsident George Bush eine »neue Weltordnung« herbeiführen wollte. Sie äußerte bei dieser Gelegenheit ihr Bedauern darüber, daß das Grundgesetz sie hindere, sich auch mit Bundeswehreinheiten zu beteiligen. Diese Bedenken wurden dann bald aufgegeben. Inzwischen setzte die Bundesregierung wiederholt deutsche Militärverbände außerhalb des NATO-Gebietes ein, wobei sie sich immer weiter vom grundgesetzlichen Auftrag der Bundeswehr entfernte. Die Expedition von 1500 Bundeswehrsoldaten nach Somalia hatte mit Landesverteidigung nicht das geringste zu tun.

Zweck war angeblich die Versorgung indischer UN-Truppen, die jedoch nie in Somalia auftauchten. Einige Wochen vor der Expedition hatte Minister Rühe noch versichert, vor einem solchen Bundeswehreinsatz werde selbstverständlich die Zustimmung des Bundestages eingeholt. Aber dann wartete die Bundesregierung ab, bis der Bundestag in die Weihnachtsferien 1992/93 gegangen war. Das Parlament erhielt keine Gelegenheit, über diesen ersten Auslandseinsatz einer geschlossenen Einheit seit Gründung der Bundeswehr auch nur zu diskutieren. Nicht einmal der Auswärtige Ausschuß wurde unterrichtet. Die Kosten des Einsatzes summierten sich innerhalb eines Jahres auf rund 300 Millionen Mark, wofür, wie die Stellvertretende SPD-Vorsitzende Heidemarie Wieczorek-Zeul vorrechnete, in Deutschland jeden Tag eine Kindertagesstätte hätte gebaut werden können.

Bei den europäischen Nachbarn und langjährigen Verbündeten der Bundesrepublik wächst unüberhörbar das Mißtrauen gegenüber dem von Kohl regierten Deutschland, das sich ehrgeizig reckt, um neben den USA zweiter oder gar erster Weltpolizist zu werden. Wenn der griechische Vize-Außenminister Theodoros Pangalos, 1994 Vorsitzender des Ministerrats der Europäischen Union, Deutschland »einen Riesen mit bestialischer Kraft und dem Hirn eines Kindes« nennt, dann ist das nicht als Beleidigung des deutschen Volkes gemeint, wohl aber als Charakterisierung der gegenwärtigen Bonner Politik. Wesentlichen Anlaß zu solchem Mißtrauen gab das Vorpreschen der Bundesregierung bei der Anerkennung Sloweniens und Kroatiens als eigenständige Staaten, womit Jugoslawien zerschlagen und ein furchtbarer Konflikt zwischen den vermischt lebenden Völkern angefacht wurde. Waffenschmieden wie die Gewehrfabrik Heckler & Koch in Oberndorf am Neckar profitieren jetzt - direkt oder indirekt - von dem Krieg aller gegen alle im ehemaligen Jugoslawien.

Griechenland mußte als besondere Provokation die Anerkennung des eigenständigen Staates »Mazedonien« verstehen, denn die Masse der Mazedonier wohnt in Griechenland.

Auf ausländische Äußerungen des Mißtrauens pflegt Kohl patzig mit der Bemerkung zu reagieren, daß sich dahinter

»Neid« verberge. Und wenn er an den von Deutschland begonnenen Zweiten Weltkrieg erinnert wird, verbittet er sich jeden Vergleich mit dem heutigen, von ihm regierten Deutschland. Aber niemand anderes als die Bundesregierung ist dafür verantwortlich, daß in der Bundeswehr Nazi-Traditionen wachgehalten werden, daß zum Beispiel die »Dietl-Kaserne« in Füssen nach jenem Generaloberst benannt ist, von dem Hitler sagte: »Dietl hat den Typ des nationalsozialistischen Offiziers geschaffen, eines Offiziers, der nicht weichlich ist im Verlangen und Fordern, nicht schwächlich im Einsatz der Menschen, sondern der genau weiß, daß für diesen Kampf kein Opfer zu groß oder zu teuer ist.«

Weil nach dem Ende der Sowjetunion und des Warschauer Paktes von einer militärischen Bedrohung des deutschen Territoriums keine Rede mehr sein konnte, entstand im Januar 1992 ein Positionspapier des Bundesverteidigungsministeriums unter dem Titel »Militärpolitische und militärstrategische Grundlagen und konzeptionelle Grundrichtung der Neugestaltung der Bundeswehr«. Darin ist zu lesen, »unter Zugrundlegung eines weiten Sicherheitsbegriffs« könnten »die Sicherheitsinteressen für den Zweck dieser militärpolitischen Lagebeurteilung« unter anderem wie folgt definiert werden: »Aufrechterhaltung des freien Welthandels und des Zuganges zu strategischen Rohstoffen«. Von derartigen Aufgaben der Bundeswehr steht im Grundgesetz kein Wort.

Mit dem Streben nach einer Weltpolizisten-Rolle verbindet sich auch der dringende Wunsch nach einem ständigen Sitz im Sicherheitsrat der Vereinten Nationen. Bei Gründung der UN 1945 hatten deren Mitglieder den fünf Hauptsiegermächten des Zweiten Weltkrieges das Privileg zugesprochen, ständig im Sicherheitsrat vertreten zu sein, dessen zehn andere Mitglieder wechselweise gewählt werden. Damit wurde vor allem die Verantwortung dieser fünf Staaten anerkannt, eine stabile Nachkriegsordnung zu schaffen und ein Wiederaufleben des deutschen Militarismus zu verhindern. Es mag jetzt Gründe geben, dieses Privileg abzuschaffen. Das könnte der Demokratisierung der Vereinten Nationen dienen. Den gegenteiligen Effekt aber hätte es, wenn, wie Dr. Kohl wünscht, der UN-Sicherheitsrat zu einer Art Weltregierung der wirtschaftlich Mächtigsten gemacht würde.

Längst ist Deutschland Exportweltmeister. Je Beschäftigten ist die Exportleistung dreimal so hoch wie in den USA oder in Japan. Doch das genügt Kohl und seinen Hintermännern noch nicht. Darum bestehen sie darauf, daß die Sozialpolitik dem angeblichen Erfordernis, Deutschlands Position in der Weltwirtschaft zu stärken, untergeordnet werden müsse.

Was hilft es der eingangs erwähnten arbeitslos gewordenen alleinerziehenden Mutter Katrin Krause in Halle an der Saale und ihrem Kind, wenn sich die Regierung des Dr. Helmut Kohl imstande zeigt, trotz gegenteiliger Verfassungsgebote ein Bundeswehr-Bataillon in Ostafrika zu stationieren? Was würde es dem unter Druck großer Konzerne geratenen mittelständischen Unternehmen in Limburg an der Lahn, wo Katrin Krauses Vetter Norbert um seinen Arbeitsplatz zu fürchten beginnt, nützen, wenn es Kohl und seinem Außenminister, dem früheren Geheimdienstchef Klaus Kinkel (FDP), gelänge, einen ständigen Sitz im UN-Weltsicherheitsrat zu erlangen?

Die unsoziale Auspowerung der eigenen Bevölkerung, angeblich notwendig zur »Standortsicherung«, kann früher oder später genau das Gegenteil bewirken. Die Wirtschaft kann mit den Mitteln, die sie stärken sollen, ruiniert werden. Die Untauglichkeit der von Kohl, Lambsdorff, Rexrodt, Waigel und Blüm angewendeten Mittel ist in den USA durch Reagan und Bush und in Großbritannien durch den Thatcherismus längst erwiesen.

Wenn immer mehr Menschen arbeitslos sind, weil sie für die Warenproduktion nicht mehr gebraucht werden, wenn zugleich Löhne und Gehälter stagnieren oder real sinken, wenn Sozialabgaben wachsen und Leistungen gekürzt werden, dann sinken zwangsläufig Kaufkraft und Absatz. Wenn zugleich die armen Länder der Erde auf Grund ungerechter, von den reichen Ländern diktierter Handelsbeziehungen noch ärmer werden, fallen sie als Absatzmärkte aus. Die Industrie stößt dadurch an Expansionsgrenzen. Der Konkurrenzkampf wird härter. Hauptwaffe in diesem Kampf ist die weitere Absenkung der

Kosten, sprich Personalabbau. Läßt sich so auf die Dauer die deutsche Wirtschaft stärken?

Kohl, Waigel, Rexrodt beklagen, in Deutschland werde zu wenig in Forschung, Entwicklung und Berufsbildung investiert. Aber sie selbst streichen den Forschungshaushalt zusammen. Solche Widersprüche mehren sich und werden zu einer akuten Gefahr für die wirtschaftliche Entwicklung.

Jahrelang versprach der Kanzler den Deutschen, die Gewinne von heute seien die Investitionen von morgen und die Arbeitsplätze von übermorgen. Seine Politik erlaubte den Unternehmen, wor allem den großen Konzernen, gewaltige Gewinnsteigerungen, aber von den Gewinnen wurde nur wenig investiert, und die Investitionen dienten hauptsächlich zur Wegrationalisierung von Beschäftigten. Arbeitsplätze wurden so nicht geschaffen, sondern vernichtet. Und wenn die Massenkaufkraft weiter sinkt, wenn also noch weniger Waren abgesetzt werden können als bisher, dann werden noch viel mehr Menschen arbeitslos werden.

Das ist es, was wir bei einer Fortsetzung der Politik des Dr. Helmut Kohl zu erwarten haben. Und sein Wirtschaftsminister Rexrodt, qualifiziert durch seine Treuhand-Erfahrungen im Plattmachen, hat nun tatsächlich eine Idee, wie er Arbeitslosigkeit bekämpfen will: durch stärkere steuerliche Entlastung reicher Leute, die Dienstmädchen einstellen.

Was wir zu erwarten haben, ist weitere Privatisierung nach dem Programm von Birgit Breuel – trotz solcher niederschmetternder Erfahrungen wie mit dem »Grünen Punkt«, der alle Prinzipien des Umweltschutzes verhöhnt und die Verbraucher zusätzlich belastet. Allerletzte Koalitionsabsicht Anfang 1994: Privatisierung von Arbeitsämtern.

Die Folgen der bisherigen Umverteilung von unten nach oben sind schon schlimm genug, als daß diese Politik fortgeführt werden dürfte. Nach zwölf Jahren Kohl-Regierung ist es in Deutschland dahin gekommen, daß Hospitäler Patienten mit schweren Krankheiten ablehnen, weil die Behandlung zu teuer wäre. Und dahin, daß in den Städten die Mieten für Neubauwohnungen, das heißt für nach 1948 gebaute Wohnungen, Jahr für Jahr um rund zehn Prozent steigen, während die Netto-

Einkommen stagnieren oder sinken. Und dahin, daß immer mehr Menschen, um überhaupt arbeiten zu können, geringfügige Beschäftigungsverhältnisse ohne Sozialversicherungsschutz annehmen (was auch die Einnahmen von Krankenkassen und Rentenversicherungen mindert).

»Für den weiteren Verlauf der neunziger Jahre«, heißt es im Armutsbericht des Paritätischen Wohlfahrtsverbands und des DGB, sei »davon auszugehen, daß sich durch die anhaltende Massenarbeitslosigkeit und die fehlenden beziehungsweise auslaufenden Mindestsicherungselemente in der Sozialversicherung das Problem der arbeitsmarktbedingten Armut im Sinne von Sozialhilfebedürftigkeit zu einem sozialpolitischen Problem ersten Ranges entwickeln wird«.

Aber dieser Fortgang der Geschichte ist nicht zwangsläufig. Ihm muß Einhalt geboten werden. Und das müssen wir selber tun.

Selbst im schicken München lebten Ende 1993 bereits 140 000 Menschen in Armut. 50 000 waren arbeitslos, 60 000 Familien überschuldet, 12 000 hatten keine Bleibe, 1200 lebten auf der Straße. Angesichts solcher Zustände machte ein erfahrener Kommunalpolitiker, der frühere Münchener Oberbürgermeister Georg Kronawitter (SPD), folgenden Vorschlag: Wenn sich der Staat endlich entschließe, Einkommen aus Arbeit und aus Vermögen gleichwertig zu besteuern, könne er von den Superreichen mit einer 15prozentigen Sondersteuer jährlich 60 Milliarden Mark holen, in zehn Jahren also 600 Milliarden Mark. Das sei ihnen durchaus zuzumuten, erklärte Kronawitter, denn seit 1970 habe sich das Privatvermögen der Westdeutschen auf 9 492 Milliarden Mark versechsfacht. Die Hälfte davon gehöre den oberen zehn Prozent der Haushalte. Kleine und mittlere Vermögen, beispielsweise derjenigen, die sich ein Häuschen vom Mund abgespart oder geerbt haben, könnten und müßten von der Sondersteuer freigestellt bleiben (»Der Spiegel«, 22. November 1993).

Dieser Vorschlag bedeutet Umverteilung andersherum: von oben nach unten. Darauf kommt es jetzt an. Von Kohl und seiner Koalition können wir eine solche Abkehr von ihrer bisherigen Politik nicht erwarten. Was wir von anderen Parteien zu erwarten haben, sollten wir deren Kandidaten eingehend fragen. Und wir sollten sie ebenfalls an ihrem bisherigen Verhalten messen.

Am Wahltag ist dreierlei nötig, um die Mehrheitsverhältnisse in Deutschland zu ändern, damit Helmut Kohl seine verhängnisvolle Politik nicht fortsetzen kann:

1. Keine Stimme darf dadurch verloren gehen, daß Wahlberechtigte der Wahl fernbleiben. Wer Politik zu »doof« oder zu »schmutzig« findet, soll wissen, daß sie erst wirklich ägerlich und schmutzig wird, wenn sich die Verantwortlichen nicht selbst darum kümmern. Verantwortlich aber ist jeder und jede Wahlberechtigte! Das gilt besonders für die Jungwähler, um deren eigene Zukunft es geht.

2. Keine Stimme darf einer Partei gegeben werden, die nicht eindeutig klargestellt hat, daß sie gegen Kohl und dessen Politik angetreten ist und keinesfalls mit der CDU/CSU ein Regierungsbündnis eingehen wird.

3. Den Rechtsaußen-Parteien darf es nicht gelingen, in den Bundestag einzuziehen. Wie einst am Ende der Weimarer Republik würden sie sich als Trumpf in der Hinterhand des Großen Geldes erweisen.

Aber die Bundesbürgerinnen und -bürger haben noch mehr Möglichkeiten, als am Wahltag ihre Stimme abzugeben. Als Demokraten können und müssen sie zum Beispiel den Mund aufmachen, wenn in ihrer Gegenwart soziale, menschenverachtende Parolen aufkommen. Das heißt: Zivilcourage beweisen. Außerdem hat jede und jeder von uns die Möglichkeit, im Bekanntenkreis Informationen weiterzugeben - was um so nötiger ist, wenn aufwendige Propaganda zu vernebeln versucht, was der Eiserne Kanzler des Großen Geldes bisher angerichtet hat. Nicht zuletzt gilt es, in Mieter- und Verbraucherverbänden, in Umwelt- und Friedensinitiativen und vor allem in den Gewerkschaften demokratischen Widerstand gegen rücksichtslose Ausbeutung und Entrechtung zu leisten.

Solche Möglichkeiten gibt es nicht nur einmal alle vier Jahre, sondern jeden Tag.